Christine Swientek

Letzter Ausweg Selbstmord

Christine Swientek

Letzter Ausweg
Selbstmord

Was alte Menschen in den Tod treibt

HERDER

FREIBURG · BASEL · WIEN

© Verlag Herder GmbH, Freiburg im Breisgau 2008
Alle Rechte vorbehalten
www.herder.de

Umschlagkonzeption:
Groothuis, Lohfert, Consorten | glcons.de
Umschlaggestaltung:
R·M·E Roland Eschlbeck und Rosemarie Kreuzer
Umschlagmotiv: © Gettyimages

Satz: Dtp-Satzservice Peter Huber, Freiburg
Herstellung: fgb · freiburger graphische betriebe
www.fgb.de

Gedruckt auf umweltfreundlichem, chlorfrei gebleichtem Papier
Printed in Germany

ISBN 978-3-451-29979-7

*Diese Arbeit widme ich
in Liebe und Dankbarkeit K. G.*

„Das höchste Gut des Menschen ist seine Selbstintegrität, seine Selbstorganisation. Dafür ist der Mensch zu jedem Opfer bereit – auch dem seines materiellen Lebens."

(Stavros Mentzos 1985)

„Die Wirklichkeit im Alter ist für viele alte Menschen nicht Würde, Weisheit, Anerkennung und Dankbarkeit, sondern eher Leid, Krankheit, Einsamkeit, das Gefühl des Überflüssigseins, Spannungen mit der Familie und der nachfolgenden Generation, die Erfahrung, auf ein totes Gleis abgestellt zu sein. Das Gefühl, nicht mehr gebraucht zu werden, unnütz und wertlos zu sein, initiiert und konsolidiert körperliche und seelische Beschwerden und stellt oft die entscheidende Basis suizidaler Entwicklungen im Alter dar."

(Bron 1989)

„Die Würde des Menschen ist unantastbar."

(Art. 1, Abs. 1 GG)

Inhaltsverzeichnis

I.
Vorspann: Zu diesem Buch

„Allzu voreilig wird der Selbstmord alter Menschen als
Freitod gesehen und als letzte Willensentscheidung des
Menschen fehlgedeutet. (…) Die Einschätzung des Alters-
suizids als Freitod dient der Nichtbefassung mit diesem
Problem und verfestigt die gegebenen Verhältnisse."

(Martin Teising 1990)

Vor 30 Jahren begann ich zum Thema Selbstmord zu arbeiten.
Ich habe selbstmordgefährdete Menschen vor und nach einem
Selbstmordversuch pädagogisch-therapeutisch betreut, habe zum
Thema geforscht, gelesen, publiziert.

Nun bin ich erneut konfrontiert. Diesmal ist es das Selbstmordgeschehen speziell bei alten Menschen. Es ist kein neues
Thema. Schon damals lag die Selbstmordquote bei Menschen ab
60 Jahren hoch, und die statistische Kurve stieg steil und unauf-
haltsam an.

Die beruflich mit dem Thema Vertrauten – Sozialarbeiter,
Hausärzte, Psychiater, Krankenschwestern, Selbstmordforscher –
arbeiten nach wie vor mit denselben Erkenntnissen, leicht abge-
wandelten Zahlen und – wenn sie sich öffentlich äußern – mit der
angemessenen professionellen Betroffenheitsrhetorik.

Es gibt nach wie vor zahlreiche Angebote und Initiativen, und
wir müssen fragen, warum sie nicht wirken, ob sie falsch ansetzen,
ob und warum sie die wirklich Betroffenen nicht erreichen (hier:
die alten Menschen).

Als ich einem befreundeten Arzt erzählte, dass ich mich derzeit
mit dem Alterssuizid befassen würde, antwortete er: „Das wird in
nächster Zeit erheblich mehr werden. Aber da kann man nichts
machen. Man muss es so nehmen, wie es ist."

Das muss man nicht!

Selbstmord ist kein Phänomen, das man schicksalsergeben ertragen muss. Hinter jedem Selbstmord steht eine individuelle Bio-

graphie, und der Entschluss, sich selbst zu töten, ist leidvoll gefasst. Es ist nicht hinnehmbar, dass sich jährlich mehrere tausend alte Menschen selbst das Leben nehmen, weil sie nicht mehr leben wollen oder können, weil sie mit dem Alltag und ihrer ungewissen Zukunft nicht mehr klarkommen und weil sie (zu Recht?) das Gefühl haben, mehr und mehr in ihrem Lebensrecht beschnitten zu werden.

Wir dürfen uns nicht damit abfinden, dass alte Menschen „nicht mehr wollen" und man sie also getrost „gehen lassen" kann, denn „sie haben ihr Leben doch gehabt".

Alte Menschen sind weder teuer noch überflüssig. Sie sind nicht bedeutungslos und sie sind nicht wertloser als Menschen anderer Altersstufen. Sie haben ihren Platz in jedem Sozialwesen. Die Qualität einer Gemeinschaft erweist sich in ihrem Umgang mit Schwächeren: mit Kindern, Behinderten und Alten. Keiner von ihnen darf so missachtet werden, dass er sich nicht mehr liebens- und lebenswert fühlt.

Selbstdiskriminierung

Ich werde in diesem Buch auch in der Ich-Form schreiben. Vor einiger Zeit las ich in einem Sammelband über das Alter(n). Einer der Autorennamen war mir geläufig – seit langem. Ich meinte, ihn schon in meiner ersten Studienzeit gelesen zu haben. Aber er schrieb *über* die Alten. Ich schlug nach und fand: Alle Autoren waren im „Rentenalter". Sie waren zwischen 65 und 83 Jahre alt, aber sie schrieben nicht „wir Alte", sondern mit dem großen Abstand des Wissenschaftlers zu seinem Forschungs„gegenstand", den Alten. Hinter dieser Form stehen zwei Bedenken: Als Wissenschaftler soll man sich nicht gemein machen mit denjenigen, über die man forscht und schreibt. Erst der Abstand schafft angeblich die notwendige Distanz zum Thema. (Dass es auch anders geht, zeigen seit Jahrzehnten insbesondere angelsächsische Autoren!) Die andere Befürchtung mag im Alter liegen – und somit in einer Selbstdiskriminierung: Vielleicht nimmt mich niemand mehr ernst mit meinen Ideen und Ausführungen, wenn ich zugebe, dass ich auch schon zu „den Alten" gehöre. Habe ich als 65-, 70-, 80-Jährige(r) noch etwas zu sagen? Gelte ich nur etwas, solange ich noch im Dienst bin, noch einer Universität, einer Forschungsgruppe, einer anerkannten Institution angehöre?

Ich höre im Hintergrund die Angst vor dem Bedeutungsverlust heraus, der unbedingt vermieden werden muss.

Wer diese Erfahrung macht, gerät in die Versuchung, die gewünschte Rolle noch einzunehmen und damit die Vorurteile zu bedienen! Somit setzen sie den Circulus vitiosus jedes Mal erneut in Gang: Kluge Sachen sagen und schreiben nur diejenigen, die entweder jung sind, oder diejenigen, die zwar alt sind, aber noch durch bestimmte, übertragene Funktionen von wichtigen Institutionen geadelt werden. Wer keines von beiden vorzuweisen hat, ist „draußen" – und das möchte kein Mensch sein, schon gar nicht ein „alter", der auf sein Lebenswerk blickt und dessen Erkenntnisse mit der Pensionierung nicht automatisch erlöschen.

Die Angst vor Altersdiskriminierung manifestiert sich in Verhaltensweisen, die das Problem oft erst hervorrufen, weil die Umwelt durch sie auf das vermeintliche Defizit aufmerksam (gemacht) wird. Vom Facelifting über falsche Altersangaben, einem verschämten Lachen und Abwiegeln, wenn nach den Lebensjahren gefragt wird, einem besonders forschen bis aggressiven Auftreten, das insbesondere bei alten Männern in größeren Gruppen beobachtet werden kann, bis hin zur mangelnden Solidarisierung mit der eigenen Altersgruppe („zu denen gehöre ich noch nicht") sind zu beobachten, die dem jüngeren Betrachter signalisieren: Es ist furchtbar, alt zu sein, und deswegen bin ich es nicht, auch wenn es so scheint.

Hier liegt für alte Menschen eine hohe Verantwortung: für sich selbst, für andere Alte und für die kommenden Generationen, die es aufgrund der sozialpolitischen Lage möglicherweise noch schärfer treffen wird.

Bedeutung und Bedeutungslosigkeit, Wichtigkeit und Selbstdiskriminierung, Ansehen und Missachtung ... werden dieses Buch thematisch wie ein roter Faden durchziehen. Es sind Stichworte, die den Schlüssel zum Selbstmord alter Menschen bilden.

Dieses Buch ist eine kritische Bestandsaufnahme dessen, was alte Menschen in den Selbstmord treibt. Erfragte „Maßnahmen" ergeben sich daraus zwangsläufig. Spätestens seit der Verkündigung einer Rentenerhöhung nach mehrjähriger Pause um ganze 1,1% im Frühjahr 2008 wird deutlich, wie alte Menschen gesehen werden: als egoistische Ausbeuter der Jungen! Wenn zeitgleich erregt über aktive Sterbehilfe gesprochen und geschrieben wird, wenn ein Ex-Justizsenator wiederholt ungestraft in einem Altersheim seinen Selbsttötungsautomaten vorführt, und es niemanden zu interessieren scheint, dass sich jährlich Tausende von alten Menschen umbringen, wird deutlich, dass es sich nicht um individuelle Freitod-Entscheidungen einzelner psychisch Kranker handelt. Wir haben es mit einem grundsätzlichen gesellschaftspolitischen Phänomen zu tun, das tief in das Gemeinwesen einschneidet.

Jeder Mensch ist vollwertig. Jeder Mensch wird in einem Gemeinwesen gebraucht. Jeder hat jeden zu achten. Der Staat hat seine Bürger zu schützen und diese untereinander haben Ehrfurcht vor dem jeweils anderen zu haben – auch wenn dieser alt, behindert, krank, dement, teuer … ist. Menschen legal zu töten oder zuzuschauen, wie sie sich (gesellschaftlich gewollt?) selbst töten, ist zutiefst unmoralisch und verwerflich!

Immer wenn es einen Aufsehen erregenden Fall von Selbstmord gibt, von dem man annehmen kann, dass er „assistiert" wurde, und immer wenn es um das Bekanntwerden aktiver Tötung alter, schwerkranker Menschen in Kliniken und Heimen geht, hebt eine heftige Diskussion an. Falsch verstandene Inhalte, falsch verwendete Begriffe und eine „Forderung", die oft nicht zum Problem passt, sind die Elemente der entsprechenden Diskussionen. Insofern verwundert es nicht, wenn wir Jahre und Jahrzehnte über dieselben Themen reden, ohne Fortschritte zu erzielen. So scheitert eine Verständigung und somit Weiterentwicklung einer Problematik häufig an dem unpräzisen Gebrauch von Begriffen. Deswegen finden sich im Anhang die begrifflichen Klärungen und Unterscheidungen.

Ich werde in dieser Arbeit gelegentlich aus einem Buch zitieren, das ich als „Buch X" bezeichne. Es handelt sich um eine Publikation, die den Selbstmord nicht nur verteidigt – was im Rahmen wissenschaftlicher Auseinandersetzungen sinnvoll und legitim ist –, sondern die umfangreiche und sehr detaillierte Angabe dazu macht, wie, womit und mit welcher Menge („letale Dosis") man sich töten kann – und woher man die Mittel bezieht.

Von derartigen „Rezepten" zur Selbsttötung halte ich nichts. Über den Ausgang suizidaler Tendenzen entscheidet nicht zuletzt das Wissen um die Verfügbarkeit der Mittel. Was nicht greifbar ist, kann nicht töten, und was erst mühsam zusammengetragen werden muss, zwingt durch den Zeitaufwand zum nochmaligen Nachsinnen und Innehalten.

Der Leser möge mir deshalb diese Ungenauigkeit und Diskretion bezüglich der Quelle nachsehen.

II.
Das Selbstmord-Geschehen

Der Selbstmordautomat im Altersheim

Am 5. September 2007 brachte das Hamburger Abendblatt folgende Nachricht:

„Ex-Justizsenator Roger Kusch, Chef der Partei Heimat-Hamburg, hat gestern mit der öffentlichen Präsentation eines ‚Injektionsautomaten' zur Sterbehilfe für Wirbel gesorgt. Kusch stellte den Prototypen eines Geräts vor, mit dem Sterbewillige per Knopfdruck eine tödliche Injektion auslösen können – nach dem deutschen Strafrecht sei dies legale Sterbehilfe, erläuterte Kusch. CDU und FDP in Hamburg sowie Pastoren übten scharfe Kritik. Aktive Sterbehilfe ist in Deutschland bislang nach wie vor strafbar.

Einen unscheinbaren Kasten in Grün hatte Kusch zum Wahlkampftermin in einer Seniorenresidenz in Lokstedt mitgebracht: ‚Ich will kein generelles Selbsttötungsinstrument anbieten, sondern denjenigen todkranken Sterbewilligen, die ihr Bett nicht mehr verlassen können, ein Angebot machen, in Würde zu sterben', sagte Kusch dem Abendblatt.

Noch sei er mit Fachleuten im Gespräch über Details des Geräts, aber: Schon im ersten Halbjahr 2008 sei man technisch so weit, solche Automaten auf dem Markt anzubieten. Kusch betonte, dass er solche Automaten nur unter strengen ethischen Voraussetzungen befürworte, unter Aufsicht von Ärzten, Sterbehelfern. So müsse der Sterbewillige volljährig, unheilbar krank sein, eine freiwillige Entscheidung treffen.

Kusch betonte, er wolle mit diesen Automaten Sterbewillige nicht zum Selbstmord ermuntern. Dem Abendblatt sagte er: ‚Ich werde keinen Versandhandel für solche Automaten gründen.'"

1997 erschien das Buch von Spaemann/Fuchs („Töten oder sterben lassen?"), auf dessen Cover der australische Arzt Dr. Philip

Nitschke bei der Demonstration eines solchen „Kastens" abgebildet ist. Es ist sein computergesteuertes „death-delivery-system". Der Verlag gab dazu folgende Information: „Am 26.09.1996, drei Monate nach der Legalisierung der Euthanasie in Nordaustralien, hatte sich erstmals ein krebskranker Patient, der 66-jährige Bob Dent, durch Tastendruck die programmierte tödliche Injektion verabreicht. Der Arzt brachte die Apparatur am Patienten an, der sie dann mittels eines Laptops selbst in Gang setzte. Nach einer Reihe von Vorinformationen erschien auf dem Display schließlich die Frage: ‚Wenn Sie auf JA drücken, werden Sie eine tödliche Injektion innerhalb von 30 Sekunden auslösen. Wollen Sie fortfahren?' Bob Dent war der erste Mensch, der sich mittels einer Computertastatur das Leben nahm. (Dr. Thomas Fuchs)."

„Heute propagiert seine Organisation Exit International (gemeint: die des Mediziners und Erfinders Nitschke – Sw.) auf ihrer Website Selbstbauanleitungen für Apparate, mit denen man zu Hause giftiges Kohlenmonoxid erzeugen kann, und informiert über den ‚Exit Bag', in dem man sich selbst ersticken kann. Sein jüngstes Buch über ‚The Peaceful Pill' wurde in seiner Heimat verboten (...)." Für Nitschke hat die ‚Peaceful Pill' „eine große Zukunft – nicht nur für die ernsthaft Kranken, sondern *für alle verständigen, älteren Mitglieder unserer Gesellschaft*" (Hervorhebung – Sw.). Pflegeheime zum Beispiel würden nur noch von Menschen bewohnt, die noch gerne leben, weil sie wissen, dass sie gehen können, wenn die Dinge zu würdelos werden ... (Petra Thorbrietz, FOCUS online vom 28.11.07).

Kehrt man die Aussagen um, so ergibt sich das bedrückende Bild, dass die *verständigen* alten Menschen sich umbringen. Diejenigen, die es nicht tun, sind unverständig, egoistisch, gesellschaftsschädigend – evtl. auch schon senil, nicht mehr Herr ihrer Sinne (was dann zu entsprechenden Maßnahmen führen kann).

Leider haben die Medien nicht überliefert, wie die Zuhörer und Zuschauer in der „Seniorenresidenz" in Hamburg-Lokstedt auf die Demonstration des Gerätes von Roger Kusch reagiert haben – einem ehemaligen Justizsenator!

Anfang Juli 2008 berichteten die Medien, dass Kusch erstmals Sterbehilfe mit einem von ihm entwickelten Tötungsautomaten geleistet habe. Er sei Augenzeuge gewesen, als sich die alte Frau eine tödliche Dosis injiziert hat. Zur gleichen Zeit berät der Bundestag über Sterbehilfevereine.

Für alte Menschen beginnt es, eng zu werden! Seit Jahren lesen sie, dass sie zu teuer sind. Sie nehmen den jungen Menschen die Zukunft – alleine schon dadurch, dass sie am Leben sind und Renten beziehen, für die sie durchschnittlich 40 Jahre lang gearbeitet und auf die sie einen Rechtsanspruch haben. Es sind keine Almosen. Alte Menschen werden diskreditiert als diejenigen, die sich auf Kosten der Jungen ihre Langeweile auf teuren Kreuzfahrtschiffen vertreiben. Sie leben eindeutig zu lange, sie werden zu alt, ihrer sind zu viele und zum Ende ihres Lebens hin werden sie immer teurer und nicht mehr bezahl- und tragbar.

Sie sind alt, behindert, nutzlos, unansehnlich. Sie machen Arbeit, sind uneinsichtig, senil, unheilbar krank, über zu lange Zeiträume sterbend. Sie sind überflüssig – warum also sollten sie die Gesellschaft noch belasten? Warum sollte man ihnen das vorzeitige Gehen, das „sozialverträgliche Frühableben" (Unwort des Jahres 1998, geprägt von dem damaligen Ärztefunktionär Karsten Vilmar) nicht nahelegen – mit mehr oder weniger Nachdruck ... und wenn sie dann ihre Einwilligung geben, mit den bereitgestellten Instrumenten und Mitteln sofort zur Hand sein?

Alte Menschen registrieren diese Stimmung gegen sie sehr wohl. Es ist häufig eine Frage der seelischen Stabilität, der körperlichen Verfassung und vor allem der stützenden sozialen Kontakte durch Kinder und (möglichst jüngere) Freunde, ob sie sich in den Sog ziehen lassen oder ob sie es schaffen, Widerstand zu leisten.

Weh dem alten Menschen, dem in seiner eigenen Familie eine ähnliche Einstellung entgegenschlägt – er ist lästig, stört nur ... und außerdem sollte er möglichst sein Angespartes nicht noch sinnlos aufbrauchen, sondern lieber vererben. Alles in allem: Er sollte „verständig" sein!

Drei Wochen nach seinem Auftritt im Seniorenheim trat Kusch erneut an die Öffentlichkeit. Am 25. 9. 2007 startete er eine „Volksinitiative", mit der er mittels Volksentscheid ein eigenes Hamburger Sterbehilfegesetz erlassen möchte. Hierfür will er in der ersten Phase 10.000 Unterschriften sammeln. Zu den zentralen Forderungen der Initiative gehört, in der Hansestadt das Amt eines Sterbehilfe-Beauftragten einzuführen, der Bürger beraten, Angebote vermitteln und darauf achten soll, dass Patientenverfügungen eingehalten werden. „Der Gesetzentwurf schafft mit dem Amt des … Beauftragten die in Deutschland einzigartige Chance, dass Menschen sich in ihrer letzten Lebensphase auf amtliche Autorität verlassen können und keine Angst mehr vor der Willkür von Ärzten, Pflegern und Angehörigen haben müssen" (www. patientenverfuegung.de, 31.1.08). „Auf amtliche Autorität verlassen" konnten sich unliebsame Menschen in Deutschland schon einmal: Amtlich verfügt, reglementiert, organisiert und dokumentiert wurden sie im „Tausendjährigen Reich" entsorgt. Wenn man bedenkt, dass ein Ex-*Justiz*senator auch eine „amtliche Autorität" darstellt(e), wird deutlich, wohin der Weg gehen kann!

Als Gast bei der Hamburger Auftaktveranstaltung sprach der *Schweizer* Rechtsanwalt Ludwig Minelli als Gründer der Sterbehilfe-Organisation „Dignitas". Diese „berät" Sterbewillige gegen ein Honorar von derzeit 5.900 € zum „assistierten Suizid". Diese Summe sei gerechtfertigt durch Rechtskosten und einen „enormen Beratungsaufwand". Dieser kann jedoch nicht sehr hoch sein, folgt man den Angaben seiner ehemaligen Dignitas-Mitarbeiterin Soraya Wernli, die im November 2007 in der ARD-Sendung „Anne Will" der Organisation vorwarf, „zu einer Schnellabfertigung des Todes übergegangen zu sein. Es könne nicht sein, dass Menschen *nur ein kurzes Gespräch mit dem Arzt hätten und dann noch am selben Tag in den Freitod gingen*" (Deutsches Ärzteblatt 26.11.2007) (Hervorhebung – Sw.).

Makaber mutet es an, dass „das Verwaltungsgericht des Kantons Zürich mit Urteil vom 21.11.07 gestattet, im *Gewerbegebiet* der Stadt (…) Selbstmorde begleiten zu dürfen. Es habe niemand stichhaltige Gründe geltend gemacht, die einer Bewilligung in der *Industriezone* im Wege stehen könnten" (a. a. O.). Somit ist einer *gewerbsmäßigen* Tötung von Menschen gegen Geld zumindest in der Schweiz der Weg geebnet, und in Hamburg darf Minelli öffentlich Reklame machen.

Im Jahre 2005 hat „Dignitas„ auch in *Deutschland* eine Zweigstelle eröffnet: in *Hannover*. Auch hier soll der assistierte Selbstmord eingeführt werden. Als aggressiver Auftakt ist eine spektakuläre Aktion geplant: Ein sich freiwillig meldender Arzt soll einem freiwilligen Suizidenten öffentlichkeitswirksam in Deutschland „beim Sterben helfen". Roger Kusch als Nicht-Arzt ist Dignitate inzwischen außerordentlich medienwirksam zuvorgekommen.

Das Thema Selbstmord ist also virulent. Die Klientel wird genannt, die Abgrenzungen sind denkbar unscharf. Was eine „unerträgliche Behinderung" ist, kann nur der Betreffende selbst definieren. Allerdings liegt die Vermutung nahe, dass für und mit Behinderten noch sehr viel getan werden könnte, dass selten alle Hilfsmöglichkeiten ausgeschöpft sind, dass finanzielle Mittel einfach nicht bereitgestellt werden – und dass der Mensch mit Behinderungen nicht in erster Linie behindert *ist*, sondern von einem behindertenunfreundlichen Umfeld behindert *wird*. Das dürfte noch mehr für alte Menschen mit Behinderungen gelten, die nichts mehr zum Bruttosozialprodukt beitragen. Zu prüfen ist sowohl im Einzelfall als auch gesamtgesellschaftlich, wie das Leben mit Behinderungen im Alter erträglicher gestaltet werden kann. Gefragt sind Phantasie, technische Innovationen – vor allem aber der Wille, alle Mittel einzusetzen und Leid zu mindern. Zu „unheilbaren Krankheiten" gehören auch Diabetes, Rheuma und Asthma. Sollen diese ausreichen dürfen, dass einem Menschen beim Suizid „geholfen" wird? Zugegeben: Alten, kranken, behinderten Menschen den Selbstmord nahezulegen scheint für das Sozialwesen, den Staat, die Rentenversicherung allemal billiger. Aber es scheint nur so!

Über Selbstmord sollte nicht ohne Not gesprochen werden – Selbstmord ist hochgradig „ansteckend". Aber jetzt wird er nicht nur über einen langen Zeitraum thematisiert – es werden auch noch die potenziellen „Nutzer" genannt, so dass Betroffene ganz langsam an die Idee herangeführt werden, dass sie als Behinderte, Kranke und „verständige Alte" doch nicht unbedingt allzu lange leben müssten!

In *Holland* hat man all diese Gedanken und Anfangs„schwierigkeiten" offenbar schon lange überwunden. Fuchs bezeichnet „die

Entwicklung der Praxis und der gesetzlichen Regelung der Sterbehilfe in den Niederlanden (...) als erstes gesamtgesellschaftliches Experiment für eine in bestimmten Grenzen freigegebene aktive Euthanasie" (Fuchs 1997, S. 36).

Seit den 70er Jahren des 20. Jahrhunderts entwickelte sich eine sog. Euthanasiebewegung, die gekennzeichnet war von einer liberalen Haltung gegenüber der „Tötung auf Verlangen". Am 1. Juni 1994 trat ein Gesetz in Kraft, nach dem „Euthanasie im Meldeverfahren nach Todesfällen als reguläre Maßnahme anzugeben war, wobei (...) Richtlinien einzuhalten waren" (Fuchs a.a.O.) (somit eine Legitimierung!). Diese lauteten, „dass

1. der Wunsch des Patienten nach vorzeitiger Lebensbeendigung wohlüberlegt, freiwillig und dauerhaft ist;
2. der Patient ein unerträgliches (nicht notwendig körperliches) Leiden erduldet und keine Aussicht auf Besserung besteht;
3. keine anderen medizinischen Möglichkeiten bestehen, die Situation des Patienten zu erleichtern;
4. der Patient über seine Situation vollständig aufgeklärt ist;
5. ein unabhängiger Kollege die Diagnose und Prognose des behandelnden Arztes bestätigt hat."

(Richtlinien zur ärztlichen Durchführung der Euthanasie in den Niederlanden [nach Keown 1995], zit. n. Fuchs 1997, S. 38)

Vier Jahre nach Einführung des Gesetzes wurde in den Niederlanden eine Studie zur Euthanasiepraxis vorgelegt, der sog. Remmelink-Report. Der erschreckendste Befund sind die „Sterbehilfen", die „ohne ausdrückliches Verlangen des Patienten getroffen wurden" (a.a.O., S. 41). Ich gebe die Tabellen von Fuchs in verkürzter Form wieder und errechne zusätzlich die entsprechenden Prozentzahlen:

freiwillige Euthanasie und Beihilfe zum Selbstmord	2.700	
nicht freiwillige Euthanasie	1.000	
Schmerzbekämpfung mit ausdrücklicher Tötungsabsicht,	1.350	
davon ohne Verlangen des Patienten	450	= 33,3%

Schmerzbekämpfung mit teilweiser Tötungsabsicht,	6.750
davon ohne Verlangen des Patienten	5.050 = 74,9 %
Behandlungsverzicht oder -abbruch mit ausdrücklicher Tötungsabsicht,	5.500
davon ohne Verlangen des Patienten	4.000 = 72,0 %
Behandlungsverzicht oder -abbruch mit teilweiser Tötungsabsicht	9.050
davon ohne Verlangen des Patienten	4.750 = 52,4 %

So wurden 1990 in Holland in 26.350 Fällen medizinische Entscheidungen am Lebensende (?) getroffen, die den Tod des Patienten zur Folge hatten. In 15.258 Fällen wurde für die Tötung entschieden, ohne dass die Patienten ein ausdrückliches Verlangen danach geäußert hätten. Das sind knapp 60 %!

Von der ursprünglichen juristischen Regelung der „Tötung auf Verlangen" ist man in Holland innerhalb von weniger als 20 Jahren somit weit abgekommen.

„14 % der Patienten waren zum Zeitpunkt der Euthanasie bei Bewusstsein und voll urteilsfähig, weitere 11 % wären wenigstens teilweise dazu in der Lage gewesen – sie wurden nur einfach nicht gefragt!", schreibt Fuchs (a. a. O., S. 40).

Als Gründe für die Sterbe-Maßnahmen gaben die Ärzte an:

30 %	therapieresistente Schmerzen
60 %	Sinn- und Aussichtslosigkeit der Behandlung
je 30 %	schlechte Lebensqualität „und sogar die Unfähigkeit der Angehörigen, mit der Situation fertig zu werden"
In 41%	der Fälle ging der Wunsch nach vorzeitiger Lebensbeendigung von den Angehörigen aus. (Hervorhebung – Sw.)

Hirsch und Lerch haben die holländischen Zahlen noch weiter aufgefächert. Die Motive der Ärzte, eine *nichtfreiwillige* Tötung zu praktizieren, zeugen von Herrschaftsgebaren. „Entscheidend war die Sichtweise der Ärzte (…). Belegt ist, dass medizinische

Tötungen auch außerhalb der erforderlichen Vorgaben durchgeführt wurden. Wenn die Sorgfaltskriterien nicht eingehalten werden konnten, wurden diese Fälle nicht gemeldet. Angemessene Kontrollen waren in der Praxis kaum möglich" (2002, S. 114). Makaberste Entscheidung: 9 % der aktiv Getöteten waren Patienten, bei denen die Therapie abgebrochen worden war („passive Sterbehilfe") und die dennoch nicht starben. Also wurde aktiv nachgeholfen (a. a. O., S. 111). Aus ökonomischen Gründen (z. B. Bettenmangel) wurden 2 % der Patienten (nichtfreiwillig!) getötet (a. a. O.).

„Unsere Überzeugung ist, dass Ärzte verantwortlich moralisch Handelnde sind, *nicht einfach Instrumente des Patientenwillens* (…), dass die aktive Beendigung des Lebens nach ‚beginnendem Versagen der Vitalfunktionen (…) unbestreitbar *eine normale ärztliche Handlung*" darstellt (ten Have / Welie 1993 in: Fuchs 1997, S. 40 f) (Hervorhebung – Sw.).

Fuchs macht – im Hinblick auf eine mögliche Übernahme dieser Praxis durch andere Länder – auf holländische Besonderheiten aufmerksam:

— starke Stellung der Hausärzte
— dichtes Netz von Pflegeheimen
— sehr gute medizinische Versorgung
— ausgewogene Verteilung der Ressourcen des Gesundheitssystems (fast 100 % der Bevölkerung sind krankenversichert)
— Der Anteil der Patienten, die zu Hause sterben, ist 40 %, also fast doppelt so hoch wie in Deutschland.

Die „Gefahr einer anonymisierten Euthanasie" schätzt Fuchs für Länder mit einer schlechteren sozialen und medizinischen Infrastruktur und dem entsprechenden ökonomischen Denken erheblich höher ein: „Wenn weite Teile der Bevölkerung (hier z. B. USA – Sw.) die aufwändigen Behandlungs- und Pflegekosten in den letzten Lebensjahren nicht tragen können, ist der *Druck auf die alten Menschen zur vorzeitigen Lebensbeendigung* im Fall ihrer Freigabe vorauszusehen" (Fuchs 1997, S. 48).

Im Jahr 2001 machte der SPIEGEL schon keine Einschränkungen mehr im Hinblick auf ärmere Länder: „… und schließlich hat die aktive Sterbehilfe noch einen makaberen ökonomischen Nebeneffekt: Sie spart oft Kosten, die Kassen oder Angehörige sonst tragen müssten" (16/2001). Dasselbe gilt für den Altenselbstmord!

Im April 2008 berichtet Branahl über die Entwicklung in Holland: „Allerdings häufen sich Nachrichten von der Ausdehnung der ‚freiwilligen' zur unfreiwilligen Tötung. In Zeitungsberichten heißt es, immer öfter trügen Niederländer eine Art Lebenserhaltungs-Verfügung mit sich, die dem Arzt vorsichtshalber das Töten untersagt" (Branahl 2008).

Die „verständigen Alten" gehen freiwillig – ob mit oder ohne Selbstmordautomat. Den unverständigen und bockig an ihrem Leben festhaltenden Alten wird vermutlich nachgeholfen – Ärzte sind schließlich, siehe oben, nicht einfach Instrumente des Patientenwillens!

15 Jahre später verpackt die Schweizer Philosophin Dagmar Fenner die Aufforderung zum sozialverträglichen Altenselbstmord in ein Zuckerpapier: Es sei ein „löbliches Motiv", wenn alte, kranke, behinderte „Patienten" sich umbringen, weil sie der Umwelt nicht zur Last fallen wollen. Die Presse bestätigt ihr, dafür eine neue Begrifflichkeit eingeführt zu haben, den „altruistischen Selbstmord". Das ist doppelt falsch. Der Begriff stammt von Emile Durkheim (1897) und meinte etwas ganz anderes (vgl. Kap. V. „Von Athabasken ...").

Australien, die Niederlande, die Schweiz – was geht es uns in Deutschland an? „Dignitate" in Hannover und der Selbstmordautomat in Hamburg, der auch im Frühjahr 2008 lt. Medical Tribune (15/2008) erneut von Kusch in Szene gesetzt wurden, sind das Menetekel an der Wand. Wir sollten es nicht übersehen.

Der todsichere Tipp

Der ganz profane Krankenhausalltag hält die Zutaten schon bereit. Ich bin Reha-Patientin in einem großen evangelischen Krankenhaus. Die Abteilung wurde aus Kostengründen der Geriatrie angegliedert. Die Behandlung (Ärzte ausgenommen) ist ebenso miserabel wie die Ausstattung, wie das Essen, wie die Hygiene.

Protest ist nicht zu erwarten – es sind alles alte Menschen, die sich fügen (müssen), deren potenzielle Kritik mit automatischen (!) Psychopharmakagaben weggedämpft wird und die möglicherweise dankbar dafür sind, dass sie überhaupt da sein dürfen und dass man ihnen nichts tut. Aber so sicher ist Letzteres nicht unbedingt!

Eines Abends hatte sich die stellvertretende Stationsleiterin entschlossen, mit mir ein kleines Gespräch zu beginnen. Sie gehörte zu den Pflegekräften, die mich nicht anzusehen pflegten, wenn sie mit mir sprachen, und stattdessen den rechten oberen Winkel des Raumes fixierten. So ein Gespräch war unüblich – die Verrichtungen wurden stets schweigend ausgeführt, manche grüßten nicht einmal, wenn sie das Zimmer betraten. Plötzlich sagte sie: „Leider dürfen wir ja keine aktive Sterbehilfe leisten!"

„Leider", hatte sie gesagt, und „aktive" – und es war dieselbe Pflegekraft, die mir täglich morgens eine Spritze gab, wenn sie Frühschicht hatte. Ihre latente Aggressivität hatte ich schon einmal zu spüren bekommen, als ich gegen den frühen Termin (6.05 Uhr) protestierte. Sie hatte mich scharf belehrt: „Wenn ich um 6 Uhr anfangen muss, können Sie ja wohl auch um 6.10 Uhr die Spritze kriegen."

Von diesem Tag an hatte ich einen Horror … vor der Spritze, vor dieser Frau, vor dieser geriatrischen „Reha"-Station. Bis zu meiner Entlassung – „Kein Tag länger!" – wurde ich das mulmige Gefühl nicht los, dass mir im Bett etwas passieren könnte.

Aber sie hatte nicht nur die aktive Sterbehilfe im Krankenhaus im Sinn, sondern plauderte im Türrahmen stehend munter weiter. Sie erzählte, welchen Ratschlag sie den Angehörigen gäbe, wenn diese ihre alten Verwandten abholten, damit es nicht mehr so lange dauern würde: „Nach ein paar Tagen den Schlauch raus!" Und dann gab es noch eine Steigerung. Sie gab mir den ultimativen Tipp, wie man sich am sichersten umbringen könne. Wie viel man braucht, wo man „es" herbekommt, wie man „es" macht und vor allem – und das betonte und wiederholte sie – dass man „es" klugerweise abends täte, wenn niemand einen mehr stören – und erwischen und retten! – würde. Morgens sei dann alles erledigt. Daraufhin löste sie sich vom Türrahmen und verschwand.

Ich brauchte Stunden, um diese massiven Nachrichten überhaupt *zu verstehen!* Zunächst fiel mir ein, dass mir diese Selbstmordmethode trotz langjähriger Arbeit zu dem Thema nicht geläufig war. Sie war aber „logisch". Langsam sickerte das Gehörte in meine Seele: Ich lag da, relativ beschädigt, (noch) ziemlich hilflos, altersmäßig weit entfernt von Gebrechlichkeit, noch mit tausend Plänen, die neu überdacht werden mussten – und da stellt sich eine „Fachfrau", der ich *anvertraut* bin, hin und gibt mir den tod-sicheren Tipp, wie ich (?) mich demnächst umbringen könne? Sicher und sauber, folgenlos und sogar noch ziemlich billig.

War das eine Aufforderung zur Selbsttötung? Sollte es ein liebevoller, fürsorglicher Tipp für verzweifelte Stunden sein? Oder wollte sie nur angeben – die Frau mit Macht über Leben und Tod?

Zwei Tage später erzählte ich diese Ungeheuerlichkeit einem Arzt, der mich privat besuchte. Er nahm die Schilderung mit Pokerface entgegen, tat (war?) verwundert, dass ich diese Methode nicht kannte, es sei *die* Methode der Wahl bei Ärzten, ob ich das nicht wüsste ..., und dann schilderte er aufgeräumt den Fall eines Kollegen, der vorsichtshalber noch ein Zusatzpräparat genommen hatte, um ganz sicher zu sein. Ja – und morgens (sic!) fand man ihn dann in seinem Arztzimmer, tot natürlich.

Diese Geschichte ist jetzt drei Jahre her. Sie macht mir noch immer Angst. Es ist die „Banalität des Bösen", die mir im Geplauder entgegenschlug – einfach so! Töten, sich selbst töten ... alles möglich, alles machbar, und so alltäglich!

Ja, es wird eng: „Die Einschläge kommen näher" und die Sicht vom alten Menschen trägt dazu bei, dass sukzessive der Boden bereitet wird.

Auch dafür haben wir historische Vorbilder: Die Rassenideologie des „Dritten Reiches" und das Thema „lebensunwertes Leben" waren wesentlich älter – sie brauchten „nur" noch in Vernichtung umgesetzt zu werden.

Es geht in diesem Buch nicht um Sterbehilfe, sondern um Selbstmord. Via „Tötung auf Verlangen" sind die Übergänge jedoch fließend. Ein Aspekt scheint mir bei dieser auffordernden Diskussion jedoch bedeutsam: Alte (kranke, behinderte) Menschen, die diesen Trend beobachten, *könnten sich veranlasst fühlen, freiwillig und früh genug aus dem Leben zu gehen, um nicht angstvoll darauf warten zu müssen, wer wann mit welchem Mittel nachhelfen wird.*

Nachsatz: Erst bei den Recherchen für diese Arbeit erfuhr ich weitere Aufklärung. Im Kapitel „Empfehlungen" des Buches X las ich zu dem angeblich todsicheren Tipp der Krankenschwester: „Der Tod kann Stunden, ja Tage (sogar Monate) auf sich warten lassen. (…) Abgesehen von der Zufälligkeit der tödlichen Wirkung sind im Fall des Misslingens schwere Folgeschäden zu gewärtigen (Gehirnschäden)."

„Selbstmord" oder „Freitod" – Zur Begrifflichkeit

> „Eine Gruppe gab es noch (gemeint: Psychiater – Sw.), die in nichts anderem ihre Energien erschöpfte, als psychiatrische Leiden etikettierend zu rubrizieren, sich ständig über Benennungen zu streiten und rechnerisch hin und her zu korrelieren."
>
> (Horst-Eberhard Richter 1988, S. 129)

Wie über alles, was mit Selbstmord zu tun hat, wird auch über den „richtigen" Begriff ausführlich gestritten. Die beiden scheinbar gegensätzlichsten Begriffe sind „Selbstmord" und „Freitod" – wobei dieses Denken unlogisch ist, denn auch zum „Mord" gehört die freiwillige Entscheidung. Gleichwohl soll die Verwendung des Begriffs oft den psychologisch-psychiatrisch-philosophischen Standort des Nutzers kennzeichnen.

Der Begriff „Selbstmord" wird von vielen abgelehnt, weil dem Handeln die strafrechtlich relevanten Merkmale des „Mordes" nach § 211 StGB fehlen wie z. B. Heimtücke, Mordlust oder niedrige Beweggründe. Die Merkmale von Grausamkeit oder „gemeingefährliche Mittel" sind hingegen manchmal gegeben (vgl. Illustration Selbstmordmittel).

Der Begriff „*Selbsttötung*" wird von fast allen Autoren verwendet, die den „Selbstmord" ablehnen. Er ist wertfreier, sprachlich jedoch schlechter zu handhaben, wenn wir z. B. vom „Selbsttöter" sprechen würden.

Der Begriff „*Suizid*"/(Suicide) wird von all den Autoren benutzt, die sich dem inhaltlichen Dilemma entziehen wollen. Er stammt aus dem Lateinischen und wird im Angloamerikanischen und Französischen verwendet.

Gelegentlich wird auch der Begriff „*Autoaggressivität*" verwendet. Er kann als ein Sammel- oder Oberbegriff für viele unterschiedliche Formen selbstschädigenden Verhaltens gelten. Dabei kann es sich jeweils um aktives Tun oder passives Unterlassen handeln, durch die der Betreffende seine körperliche Unversehrtheit mit oder ohne Selbsttötungsabsicht verletzt.

Autoren, die sich weder aus moralischen noch sprachlichen oder philosophischen Erwägungen („Wie frei ist der Mensch?") festlegen wollen und die diese Diskussion als überflüssig und nicht zielführend empfinden, gebrauchen alle Begriffe (bis auf den „Freitod") synonym. Ich gehöre zu ihnen. Ich habe an zahlreichen Tagungen teilgenommen und Fortbildungen zum Thema Selbstmord angeboten, bei denen sich die Teilnehmer an der Begriffsverwendung festbissen. Ich hatte immer den Eindruck, als ob man sich an diesen Äußerlichkeiten abarbeitet, um nicht an das Wesentliche rühren zu müssen: da bringt ein Mensch sich selbst zu Tode ... und keiner hat ihn gehindert.

Der umstrittenste Begriff ist der des „*Freitodes*". Er beinhaltet die Frage, wie frei der Mensch in der Situation ist/sein kann, in der er sich entschließt, seinem Leben ein Ende zu setzen. Die heftigsten Verfechter der Freiheit in der Selbstbeendigung des Lebens waren Friedrich Nietzsche (1844–1900) und 100 Jahre später Jean Améry („Hand an sich legen", 1976). Améry lehnte alle medizinischen (psychiatrischen) Erklärungsmodelle und Begriffsführungen als „Einmischung", „Entmündigung" und „Anmaßung" ab. Er vertrat den Standpunkt, dass jeder geistig und seelisch Gesunde das Recht auf Selbstbestimmung seines Todes habe, ohne nachträglich als krank etikettiert zu werden.

Genau mit dieser Argumentation traf er die Psychiatrie in ihrem Selbstverständnis – seinerzeit in erster Linie vertreten durch den Wiener Psychiatrieprofessor Erwin Ringel, der davon ausging, dass jemand, der sich selbst tötet, eben *nicht* geistig und seelisch gesund sei, sondern dass Selbstmord *immer* der Ausdruck großer Einengung und Unfreiheit sei. Dieses sind auch die wesentlichen Bestandteile in dem von ihm erarbeiteten „präsuizidalen Syndrom", das er und seine Schüler über die folgenden Jahrzehnte nutzten, kommentierten und modifizierten.

Die Diskussion um den richtigen Begriff eskalierte auf peinlichste Weise auf dem 5. Jahrestag der Deutschen Gesellschaft für Selbstmordverhütung in Hamburg. Améry wurde auf eine Art angegriffen, die fernab aller wissenschaftlichen Sachlichkeit war – und die vor allem nicht wahrnahm, dass, wer so ein Buch schreibt, es in eigener Betroffenheit schreibt und somit deutlich als selbstmordgefährdet eingestuft werden muss!

Form und Inhalt dieser Auseinandersetzung waren beschämend, niveaulos und herabwürdigend. Sie ließen Zweifel aufkommen an der Redlichkeit einer Wissenschaft, die sich das psychische Wohlergehen des Individuums auf die Fahnen geschrieben hat, die die Gesellschaft zur Humanität und Nächstenliebe auffordert, um Selbstmorde zu verhindern, und die unermüdlich für professionelle und kostenaufwändige Interventionszentren plädiert. Sie zeigten die Misere der Suizidforschung: Sie forscht am und arbeitet für den Suizidanten – wenn dieser sich jedoch selbst als suizidal bezeichnet, gleichzeitig aber die Übernahme der Patientenrolle ablehnt, wird er diskreditiert und aus der Gemeinschaft der Eingeweihten ausgeschlossen. Die Institutionen und ihre Vertreter versagen, wenn ihnen Suizidgefährdung am ‚falschen' Ort und zur ‚falschen' Zeit begegnet – im Kongresssaal und auf dem Bestseller-Tisch.

Im Sinne von Ringels eigenem Konzept war Améry ‚Patient': Er hat das Buch *nach seinen eigenen Aussagen* „aus der Sicht des Suizidärs geschrieben" (SPIEGEL-Interview vom 3. 7. 1976). Améry tötete sich im Oktober 1978.

Zahlen zum Altenselbstmord und ihre Fragwürdigkeit

> „Die Selbstmordrate ist wie die Kriminalitätsziffer
> eine Rate gesellschaftlicher Pathologie."
>
> (Kurt Weiss 1975)

Laut Statistischem Bundesamt Deutschland haben im Jahr 2006 9.765 Menschen „Selbstmord" verübt. Dieser Begriff taucht allerdings seit einigen Jahren in der Statistik nicht mehr auf. Er wurde ersetzt durch „vorsätzliche Selbstbeschädigung".

Von diesen knapp 10.000 Selbstmordtoten waren 4.158 über 60 Jahre alt. Im Einzelnen zeigt sich folgende Altersverteilung:

60 bis unter 65	=	724
65 bis unter 70	=	914
70 bis unter 75	=	749
75 bis unter 80	=	669
80 bis unter 85	=	586
85 und älter	=	516

Diese scheinbar exakten Zahlenangaben muss man als „gesicherte Mindestzahlen" bezeichnen, d. h. Alter und Todesart stehen fast zweifelsfrei fest. Zahlen, die man nicht kennt, werden als „Dunkelziffer" bezeichnet. Diese kann man – auch in der Kriminalstatistik – meistens nur schätzen oder anhand spezifischer Untersuchungen (z. B. selbst berichtete Kriminalität oder Opferbefragungen) hochrechnen. Beim Selbstmord entfallen derartige Untersuchungen. Die Schätzungen belaufen sich auf das Doppelte oder mehr. Mit dieserart Unklarheiten kann man nicht sinnvoll arbeiten, so dass die Angabe einer Dunkelziffer nur eines aussagt: Wir wissen, dass es mehr sind, aber wir ahnen nicht einmal, wie viele.

Exkurs: Mangelnde Klärung

Ärzte müssen – im Falle, dass ein Toter aufgefunden wird – Totenscheine ausstellen. Auf denen haben die Todesursache zu stehen sowie Angaben, ob der Tod eine natürliche Ursache hatte, die

Ursache unklar ist oder möglicherweise Fremdverschulden vorliegt. In den beiden letzteren Fällen hat der Arzt die Polizei zu verständigen.

Je jünger ein Toter beim Eintritt des Todes war und je gesunder zuvor, desto eher wird jeder Arzt skeptisch werden und genauer hinsehen (lassen). Umgekehrt gilt für das Alter: Je älter ein Patient war, je mehr Krankheiten und Beschwerden auftraten (und je besser der Hausarzt die Familie kennt), desto eher wird auf einen natürlichen Tod erkannt. In diesem Fall gibt es keine weiteren Untersuchungen. Es wird lediglich der Beerdigungsunternehmer benachrichtigt.

Ich habe zu diesem Aspekt früher und auch für diese Arbeit eine Anzahl Ärzte gefragt, wie sie sich in einem Fall verhalten würden, wenn sie einen Selbstmord *ahnten*. Ausnahmslos würden sie darüber hinwegsehen und einen natürlichen Tod bescheinigen. Sie stellten dazu folgende Überlegungen an:

— „Sie war alt und krank und hätte sowieso nicht mehr lange gelebt."

— „Warum sollte ich die Familie mit einem Selbstmord belasten? Ich weiß doch gar nicht, wie schwer sie daran zu tragen hätte."

— „Frau X war schon lange herzkrank. Ob sie jetzt ohne oder mit Medikamenten gestorben ist, spielt letztlich doch keine Rolle."

— „In diesem Alter stirbt der Mensch nun mal. Warum sollte ich Himmel und Hölle in Bewegung setzen, um die wirkliche Ursache herausfinden zu lassen?"

— „Was glauben Sie, was das für einen Aufstand gibt, wenn ich ‚unnatürlicher Tod' ankreuze. Polizei, Staatsanwaltschaft, Obduktion ... Ich finde diesen Aufwand nicht nötig. Sie wären doch ohnehin in absehbarer Zeit gestorben."

Ich fragte auch, unter welchen Umständen sie „Selbstmord" eintragen würden, und bekam die einheitliche Antwort: „Wenn es für alle ganz offensichtlich ist und wenn andere Menschen Kenntnis von dem Selbstmord haben." Außerdem müsse er ganz zweifelsfrei feststehen: leere Tablettenpackungen neben dem Toten und vor allem: Abschiedsbriefe.

Sollte dieses Arztverhalten weit verbreitet sein, muss vermutet werden, dass ganz *sicher* nur jene Altenselbstmorde gezählt werden, bei denen Krankenhäuser involviert sind (z. B. zu späte Einlieferung und Versterben im Hospital). Hinzu kommen die „Fälle", die öffentlich bekannt wurden (eine 82-Jährige erhängte sich am Scheunentor, das von der Straße aus einsehbar ist) und zu denen ohnehin die Polizei hinzugezogen wurde (Springen von einem hohen Gebäude oder von einer Brücke = Öffentlichkeit!). Bei Selbstmorden, die deutlich äußere Spuren aufweisen (z. B. Erschießen), wird ein Hausarzt auch nicht die Familie schützen wollen und können. Hier ist der Beerdigungsunternehmer aufmerksam, der verpflichtet ist, den Totenschein mit dem Toten und der Todesursache abzugleichen.

Ärzte neigen dazu, einen Altenselbstmord aus folgenden Gründen nicht als einen solchen zu benennen:

— Sie wollen von sich aus die Familienmitglieder schonen.

— Sie werden von ihnen darum gebeten, um Klatsch und Nachteile zu vermeiden (zumal im ländlichen Raum!).

— Sie sind auf dem Land stark in die Gemeinschaft einbezogen und wollen ihr Image als guter und verständnisvoller Hausarzt behalten.

— Sie wollen allen Beteiligten – einschließlich sich selbst – Arbeit und Zeitaufwand ersparen.

— Sie stehen dem Altersselbstmord „positiv" gegenüber und bejahen, dass Patienten selbst entscheiden, wann sie sterben.

— Sie sind ignorant: „Tot ist tot" und „Herzstillstand ist es doch immer", wie ein Arzt formulierte.

— Darüber hinaus sind Versicherungsfragen nicht immer so schnell zu klären, und bevor eine Versicherung bei Selbstmord evtl. nicht zahlt, schützt der Arzt die Erben.

Dass Hausärzte/Allgemeinmediziner und Notärzte mit dieser Art Diagnose auch überfordert sein können, steht fest. Gerichtsmediziner beklagen diesen Mangel seit vielen Jahren. Sie beklagen, dass die Ärzte keine ausreichende Aus- und Fortbildung zur Klärung der Todesursache hätten. Auch würden sie sich nicht genug

Zeit nehmen, z. T. würden sie oft die Leiche nicht einmal entkleiden (lassen), um sie zu untersuchen. Insbesondere, wenn der Tote schon länger mit einer hartnäckigen Krankheit bei diesem Arzt in Behandlung war, werde der Totenschein zu schnell auf eben diese Krankheit als Todesursache ausgestellt.

Dieses Verfahren ist auch dazu angetan, Verbrechen an alten Menschen zu übersehen. Das Einflößen tödlich wirkender Substanzen bzw. eine zu hohe Dosierung des üblichen Medikamentes sind bei alten bettlägerigen Menschen schnell vollzogen. Aber auch drastischere Tötungsarten entgehen dem Arzt, der nicht sorgsam untersucht. In Hannover wurde vor einigen Jahren eine alte Frau tot in ihrem Bett aufgefunden. Sie lag auf dem Rücken. Ihr Hausarzt, bei dem sie schon lange wegen Herzbeschwerden in Behandlung war, bescheinigte „natürlichen Tod/Herzstillstand". Als der Beerdigungsunternehmer die tote Frau in den Sarg legen wollte, klapperte es hörbar: Ein Messer war in den Sarg gefallen. Vorher hatte es im Rücken der alten Frau gesteckt. (Der Mörder wurde schnell gefunden.)

Aus diesen genannten Gründen – und weil Ärzte die eigentliche Todesursache bisweilen wirklich nicht erkennen – muss beim Altenselbstmord mit einer sehr viel höheren Dunkelziffer gerechnet werden als bei Selbstmorden in den anderen Altersstufen. Die Tötung alter Menschen (§§ 211/212 StGB) dürfte ebenfalls eine beachtliche Zahl erreichen, die nicht als solche erkannt und benannt wird.

Exkurs Ende

Altersselbstmorde nehmen in Deutschland seit Jahrzehnten kontinuierlich zu. Die Zunahme beruht auf der Zunahme des Anteils alter Menschen an der Gesamtbevölkerung ganz allgemein. Allerdings wäre zu fragen, wieso bei jahrzehntelanger Forschung, Tausenden von Publikationen und einem umfänglichen Beratungswesen die Altersselbstmorde *nicht abnehmen*.

Gleichzeitig ist zu konstatieren, dass die sog. „Selbstmordrate" oder „Selbstmordziffer" (ein Selbstmord berechnet auf jeweils

100.000 Einwohner) bei alten Menschen seit geraumer Zeit wesentlich höher liegt als im Durchschnitt der anderen Altersstufen. Während die jährlichen Selbstmordziffern (für alle) seit vielen Jahren zwischen 19 und 21 liegen, liegen sie für alte Menschen bei 41–43, also doppelt so hoch. Aufgeteilt auf die Geschlechter ergibt sich für alte Männer eine Selbstmordziffer von 60–63 pro Jahr, für Frauen von 30–32.

Noch eine andere Zahl soll die Brisanz zeigen: Während alte Menschen über 60 Jahre etwas über 20 % der Bevölkerung ausmachen, liegt ihr Anteil an den Selbstmorden in der Gesamtbevölkerung bei 42,5 %.

Für Österreich ergeben sich fast identische Zahlen: 65–74 Jahre alte Männer weisen eine Selbstmordrate von ca. 60 auf, bei den über 75-Jährigen liegt sie sogar bei 118 (Mitte der 90er Jahre) – gegenüber einer durchschnittlichen Rate von 20. „Je älter, desto gefährdeter", stellt Sonneck fest. Für 2007 gilt auch in Deutschland: Ab dem 70. Lebensjahr steigt die Suizidrate bei Männern auf das Fünffache der Allgemeinbevölkerung an. Bei alten Frauen steigt die Selbstmordrate ebenfalls mit zunehmendem Alter, wenngleich nicht so stark wie bei den Männern.

Im sehr hohen Alter übersteigt die Zahl der Selbstmorde von Frauen die der Männer. Das liegt daran, dass es sehr viel mehr hochbetagte Frauen als Männer gibt. Im Übrigen gelten für die Schweiz gleiche Entwicklungen.

Selbstmordversuche

Selbstmordversuche unterliegen in Deutschland seit Mitte der 60er Jahre des 20. Jahrhunderts nicht mehr der Meldepflicht, werden also nirgendwo zentral erfasst. Gezählt werden könnten allenfalls die Selbstmordversuche, die in Krankenhäusern behandelt werden. Von diesen ist aber bekannt, dass sie teilweise bewusst diese „Diagnose" vermeiden – um den Patienten zu schützen, aber auch, weil vielen Ärzten nicht bekannt ist, ob die Versicherungen zuverlässig zahlen würden. So gehen die Selbstmordversuche u. U. als Herz-Kreislauf-Probleme oder als Vergiftungen in die Statistiken ein. Dabei handelt es sich um ein bei Medizinern durchaus reflektiertes Problem: „Nicht nur schamhaftes oder ängstliches Verschweigen der wahren Todesursache verfälschen das Bild. Falls ein Selbstmordversuch erst auf dem (...) Umweg über eine Verletzung, Vergiftung oder sonstige Erkrankung zum Tode führt, wird auch in den Krankenhäusern zumeist nur der letztgenannte Anlass als Todesursache angegeben" (Weis in Eser 1976, S. 180).

Alle Selbstmordversuche, die zu Hause geschehen, die nur von Verwandten und/oder dem Hausarzt registriert werden, bleiben unerfasst. Lebt der Betreffende allein, kann es geschehen, dass er nach einer Tablettenintoxikation „von alleine" und einsam wieder erwacht – und niemandem mitteilt, dass er versucht hat, sich selbst zu töten.

Soweit Aussagen zum Selbstmordversuch überhaupt möglich sind, kann man feststellen:

— Mehr Frauen als Männer begehen Selbstmordversuche (etwa 3:1).

— Je jünger, umso mehr Selbstmordversuche sind im Verhältnis zum Selbstmord zu verzeichnen.

— Je älter, umso mehr Selbstmorde sind im Verhältnis zu Selbstmordversuchen festzustellen.

Wie sehr Selbstmordzahlen vor allem in autoritären Systemen (auch) *politische Zahlen* sind, lässt sich an der ehemaligen DDR nachweisen. Noch 1995 – sechs Jahre nach der Grenzöffnung – schreibt Schulz: „Im Umgang mit diesem Thema herrscht eine große Verunsicherung vor. So werden (...) Sachverhalte teilweise noch immer nicht offen dargelegt oder *auf andere Rubriken der Statistik* verteilt, um so das wahre Ausmaß suizidaler Handlungen zu verschleiern. Des Weiteren fällt es großen Teilen der Bevölkerung schwer zu glauben, dass eine hohe Suizidrate schon vor der Wende in der DDR existiert habe und dauerhafter Bestandteil dieses Systems gewesen ist" (Schulz 1995, S. 7). Das System wusste diese Tatsache wirkungsvoll zu verschleiern: Auf den Totenscheinen durfte seit 1979 auf den Randleisten der erfolgreiche

Selbstmord nicht mehr verschlüsselt werden. „Ausdrücklich wird immer wieder darauf hingewiesen, dass die E-Nummern nach der WHO-Klassifikation nicht mehr verwendet werden dürfen. Damit ist auch jede Chance genommen, im Nachhinein aufgrund der Totenscheine eine Analyse über Suizid oder gar Suizidraten zu erstellen ..." (Schulze 1986, in Schulz 1995, S. 32).

Als ich in den 70er und 80er Jahren wissenschaftlich zum Thema Selbstmord arbeitete, gab es eine Zahlenangabe ungesicherter Herkunft zum Selbstmord in der DDR: Die Selbstmordquote sollte angeblich bei 40 liegen – also doppelt so hoch wie in Westdeutschland. Nach Materialien und Zahlen angefragt, gaben mir offizielle DDR-Stellen die Auskunft, dass es in der DDR keine Selbstmorde gäbe. Diese Normabweichung sei ein Produkt des kapitalistischen Systems.

Auf einen anderen Aspekt macht Schulz für die DDR in ihrem oben zitierten Text aufmerksam: auf „andere Rubriken der Statistik". Dieses Phänomen haben wir auch in Westdeutschland gehabt – und haben es heute noch.

Von jeher galt bei der Polizei (und z.T. auch bei Ärzten!): Steht der Selbstmord als Todesursache nicht *eindeutig* fest, wird er als solcher nicht benannt.

Beispiel: Tödlicher Verkehrsunfall – der Fahrer ist bei Tempo 150 km/h auf gerader Strecke ungebremst gegen einen Brückenpfeiler geprallt. Gibt es keinen Abschiedsbrief oder berichten nicht mehrere Personen über geäußerte Selbstmordabsichten, wird auf „Unfall" erkannt. Es hätte ja sein können, dass der Fahrer am Steuer eingeschlafen ist.

1982 tauchte in den Sterbestatistiken des Deutschen Statistischen Bundesamtes ganz neu die Rubrik „plötzlicher Tod aus unbekannter Ursache" auf. Ab dem gleichen Jahr sanken die Selbstmordzahlen ganz erheblich und ließen eine große Tageszeitung jubeln, die Kohl-Regierung zeige bereits Wirkung auf das Wohlbefinden der Bevölkerung! Die neue Rubrik, deren Zahl fast identisch war mit der Differenz zwischen den alten und den neuen Selbstmordzahlen, wurde dabei nicht zur Kenntnis genommen.

Derzeit heißt diese Rubrik „Ereignis, dessen nähere Umstände unbestimmt sind". Von diesen „Ereignissen" gab es im Jahr 2006 2.392, darauf entfielen auf alte Menschen über 60 Jahre 1.353, davon auf über 80-Jährige allein 712!

Es dürfte nicht überinterpretiert sein, wenn man annimmt, dass sich dahinter ein sehr hoher Anteil an Selbstmorden verbirgt.

„Warum?" – Die Ursachendiskussion

> „Selbstmordtheorien sind rationale Erklärungen für irrationale Handlungen."
>
> (unbekannt)

> „Aber ich bin überzeugt, dass es keinen geben wird, dessen Trauer um mich so groß ist, dass die Frage nach dem Motiv in seinem Herzen keinen Platz findet."
>
> (zitiert in Dörner/Plog 1984, S. 333)

Seit Jahrhunderten befassen sich alle möglichen Professionen mit dem Phänomen des Selbstmords: Insbesondere die Theologen waren um die gefährdeten Menschen bemüht – nicht unbedingt, um ihnen das irdische Leben zu erleichtern, sondern um ihre Seelen vor der ewigen Verdammnis zu retten. So publizierte Mechler schon 1541 in Erfurt eine Schrift mit dem Titel: „Verwarnung und Tröstlein aus göttlicher Schrift wider die schwere Anfechtung der Entleibung seiner Selbst, so oft aus Verzweiflung geschieht."

Selbstmord galt in der katholischen Kirche als Todsünde. Der „Täter" erhielt kein kirchliches Begräbnis und wurde außerhalb der Friedhofsmauer bestattet, denn der Kirchhof war geweihte Erde, die durch einen Todsünder nicht entweiht werden durfte. Diese Haltung wurde von der Kirche erst in den 60er Jahren des 20. Jahrhunderts aufgegeben. Das Verdienst gebührt dem Wiener Psychiater Erwin Ringel, der verdeutlichte, dass der Selbstmörder ein psychisch und/oder geistig Kranker war, der für seine Handlung nicht zur Verantwortung gezogen werden könne.

Über Jahrhunderte hinweg wurden von Ärzten individualisierend „besondere Fälle" von Selbstmord publiziert. Der Erste, der sich systematisch der Thematik annahm, war der französische Soziologe Emile Durkheim 1897. Er vertrat die Ansicht, dass Selbstmordverhalten nicht nur ein Problem des Individuums sein könne, sondern dass es zahlreiche Gemeinsamkeiten geben müsse, nach denen Selbstmorde kategorisiert werden könnten. Seine Frage war nicht, warum der Einzelne sich tötet, sondern welche gesellschaftlichen Zustände zu einer hohen bzw. niedrigen Selbstmordrate führen. Er kam dabei zu folgenden Ergebnissen:

Der *„egoistische"* Selbstmord geschieht dann, wenn Menschen isoliert leben, nicht integriert sind, sich selbst überlassen bleiben.

Der *„altruistische"* Selbstmord ist das genaue Gegenteil vom egoistischen. Hier leben Menschen zu sehr in ihrer Gruppe, sind integriert bis zur Entmündigung und folgen widerspruchslos deren Gesetzen, auch wenn es dabei um ihr eigenes Leben geht. Die bekanntesten Beispiele dafür sind das japanische Harakiri, der Selbstmord von Offizieren nach Niederlagen, oder der Massenselbstmord von 900 Menschen in Guayana im Jahre 1978 – befohlen vom Sektenführer. In all diesen Fällen besteht ein ausgesprochenes Selbstmord*gebot*. Häufig geht es dabei um eine individuelle oder soziale „Ehrenrettung" nach Versagen.

Zum *„anomischen"* Selbstmord kommt es nach Durkheim, wenn für einen Menschen (oder seine Gruppierung) althergebrachte Ordnungen zusammenbrechen, alte Normen nicht mehr gelten, neue noch nicht aufgestellt sind oder nicht akzeptiert werden können, wenn also ein Zustand der Anomie, der Gesetzlosigkeit herrscht. Das kann sich auf den Zusammenbruch eines politischen Systems (Ende des Nationalsozialismus, Ende des Zweiten Weltkrieges, Ende der DDR) ebenso beziehen wie auf den Zusammenbruch eines Familiensystems nach Tod oder Scheidung.

Durkheims Erklärungsversuche liegen auch heute noch der Ursachendiskussion zugrunde. Sie wurden in den vergangenen 100 Jahren mehrfach modifiziert.

Zu Beginn des 20. Jahrhunderts befasste sich der Begründer der Tiefenpsychologie und *Psychoanalyse*, Sigmund Freud, mit dem Selbstmordgeschehen. Seine erste Annahme, dass dem Lebenstrieb eines jeden Menschen auch ein Todestrieb entgegenstehe, ließ er später fallen und betrachtete den Selbstmord fortan als eine Form der Aggressionsumkehr: Ein Mensch, der von einem geliebten Menschen verlassen wird, richtet seine Aggressivität nicht gegen den Verursacher seiner Enttäuschung, Trauer und Verletztheit, sondern gegen sich selbst. Er „bestraft" nicht den Verursacher seiner Schmerzen (auch deswegen nicht, weil das Gebot „Du sollst nicht töten" internalisiert wurde), seine Bestrafung richtet sich gegen das Liebesobjekt, das narzisstisch vereinnahmt worden ist. Um dieses ungetreue Objekt in sich zu töten, tötet der Mensch sich selbst.

Freuds Ansatz findet sich bis heute in zahlreichen Varianten und Weiterentwicklungen wieder, die hier nur mit den Stichworten „Identifikation mit dem Aggressor", „Selbsthass" und „narzisstische Kränkung" gekennzeichnet werden sollen.

Die *Psychiatrie* geht bei der Betrachtung des Selbstmordes davon aus, dass der Mensch, der sich selbst umbringt, krank ist. Ein gesunder Mensch lebt – mehr oder weniger – gerne. Lebt er nicht gerne und will er lieber sterben, so kann er nur krank sein. Einige Psychiater/Selbstmordforscher rücken in den letzten Jahren von dieser Auffassung wenigstens theoretisch ab – die Praxis zeigt jedoch immer wieder noch die alte Position. Menschen, die sich selbst gefährden (töten wollen), können gesetzlich abgesichert auch heute noch in psychiatrische Anstalten zwangseingewiesen werden – „zu ihrem eigenen Schutz"!

Keine Theorie gibt damit (ungewollt) so klar über das eigentliche Problem der Ursachenforschung Auskunft wie die psychiatrische: Wir wissen nicht, warum Menschen sich selbst töten! Wir wissen auch nicht, warum Menschen unter ähnlichen oder noch schlimmeren Lebensbedingungen weiterleben, Selbstmord nie ernstlich erwägen oder ihn versuchen.

Das Problem der herkömmlichen Psychiatrie (im Gegensatz zur Sozialpsychiatrie) liegt in ihrem „Mischwesen": Sie ist eine medizinische und damit naturwissenschaftliche Disziplin. Sie geht jedoch mit Phänomenen um, die (noch?) nicht nur aus der Physis, der Biologie … des Menschen zu erklären sind. Sie hantiert zwangsläufig mit Theologie, Philosophie und zahlreichen Annahmen und Vermutungen und macht Anleihen bei allen möglichen psychologischen Schulen. Insofern sind ihre „Theorien", soweit sie in der Psychiatrie überhaupt gebildet werden können, kaum je überprüfbar.

Die *Lerntheorie* schließlich geht davon aus, dass jedes Verhalten erlernt wird – und also auch verlernt werden kann. Die Formen des Lernens sind unterschiedlich. Wir ahmen andere in ihren Handlungen nach (Modell-Lernen/Nachahmungslernen); wir lernen durch Lob und Belohnung (operantes Konditionieren) und *Ver*lernen durch Nichtbeachtung eines Verhaltens (nicht durch Bestrafung! Bestrafung ist auch Beachtung, und in Fällen, in denen sie die einzige Aufmerksamkeit ist, ist sie „besser als nichts"!). Die dritte wesentliche Form ist das „Lernen durch Versuch und Irrtum". Ein Verhalten wird ausprobiert. Hat es nicht den erwünschten Erfolg, wird es fallengelassen, und ein anderes Verhalten wird an diese Stelle gesetzt.

Massenmedien beginnen Beiträge zum Selbstmord häufig mit der Anmerkung, er sei ein Tabu. Das trifft nicht zu! Über Selbstmord und Selbstmordversuche wird permanent geschrieben und es wird darüber gesprochen. Alte Menschen erörtern (ihren!) Selbstmord ganz offen und ohne Scham (vgl. Kap. „Das Lebensende nicht abwarten können"). Jugendliche und junge Erwachsene nutzen Internet-Foren zur Selbstmorderörterung – und es eröffnen sich dabei die Fragen, wie betroffen sie sind, wie nah sie das Thema an sich herankommen und wie weit sie sich in den Sog ziehen lassen.

Selbstmord ist „ansteckend". Früher galt er in der Psychiatrie als vererbbar – zumal man „Selbstmordfamilien" ausmachen konnte, bei denen sich in allen Generationen vollendete Selbstmorde zeigten. Diese lassen sich aus der Sicht der Lerntheorie eher erklären als erlerntes Konfliktlösungsverhalten nach dem Schema: „In unserer Familie bringt man sich eben um, wenn man Probleme hat."

Mitte der 60er Jahre des 20. Jahrhunderts begann man in den USA ernsthaft nach *biochemischen* Erklärungen für den Selbstmord zu suchen. Die Diskussion lief unter dem Schlagwort „Serotonin-Hypothese", wurde im professionellen Spektrum der

Selbstmordforschung in Deutschland aber nicht weiter verfolgt – möglicherweise auch deshalb, weil psychoanalytisch orientierte Psychiater das Thema „besetzt" halten. Zum Selbstmord unmittelbar werden sich möglicherweise keine Beziehungen herstellen lassen, sehr wohl aber zu den „Zwischenstadien" und Selbstmordverursachern/-auslösern Depression und Furcht. Der Molekularbiologe John Medina hat sich in aller Ausführlichkeit mit diesem Bereich befasst. (Hätten negativ erlebte Gefühle bis hin zur Selbstauslöschung nichts mit der Biochemie des Menschen zu tun, würden auch keine Medikamente [chemisch!] auf das Befinden wirken!)

Die „Theoriediskussion" ist umfangreich, ausufernd und offenbar karrierefördernd und arbeitsplatzsichernd. Zum *Verständnis* von Selbstmord hat sie mit Sicherheit beigetragen. Wie weit dieses Verständnis jedoch half und hilft, Selbstmorde zu verhindern, ist fraglich. Wahrscheinlich fehlt dafür die Durchsetzungskraft von Psychiatern, die das Thema für sich besetzt halten und die traditionell unpolitisch denken und handeln.

Für den Altersselbstmord wäre in Anbetracht der derzeitigen Diskussion über Alte (vgl. Kap. „Wer bin ich (noch)? Identität – Selbstbild – Fremdbild") allerdings zu fragen: Besteht überhaupt ein elementares Bedürfnis, alles Wissen und Können einzusetzen, um alte Menschen von der Selbsttötung abzuhalten?

Auslöser

„Meist löst etwas Unkontrollierbares die Krise aus. (…) Man müsste aber wissen, ob nicht am selben Tag ein Freund mit dem Verzweifelten in einem gleichgültigen Ton gesprochen hat (…). Dergleichen kann nämlich genügen, um allen Ekel und allen latenten Überdruss auszulösen."

(Albert Camus)

In der Selbstmordforschung, -praxis und -diskussion wird oft nicht unterschieden zwischen Ursachen, Gründen und Auslösern. Das wird dem Geschehen nicht gerecht – vor allem verhindert es gezielte Hilfsmaßnahmen.

Unter dem Selbstmordauslöser verstehe ich die (meist kurze) Sequenz, unmittelbar bevor das Selbstmordmittel angewendet wird. Er ist für Außenstehende (und im Nachhinein nicht selten für den Betreffenden selbst) eine so geringfügige „Lappalie", dass sich kein Zusammenhang mit einer derart dramatischen Handlung wie der Selbsttötung erkennen lässt. Und es gibt ihn auch nicht! Er ist der Tropfen, der das Fass zum Überlaufen bringt – oft ein Fass mit 3.000 Litern Fassungsvermögen, in dem sich jahrzehntelang Tropfen für Tropfen Schmerzen, Versagungen, Demütigungen und Verluste angesammelt haben. Irgendwann ist das Fass voll und niemand senkt durch Gespräche und Zuwendung den Wasserspiegel.

Diese Art „Auslöser" lassen sich sehr häufig im Selbstmordgeschehen ausmachen.

Bei Menschen, denen der Selbstmord „gelingt", erfahren wir den Auslöser gelegentlich, wenn er in einem Abschiedsbrief genannt wird. Sonst bleibt er unbekannt. Bei Menschen, bei denen es beim „Versuch" blieb, ist er zu erfahren, wenn wir im Gespräch versuchen, die Situation auszuloten, die dem Versuch vorausging. Der Auslöser wird oft nicht spontan genannt. Selbst wenn er dem Patienten noch gegenwärtig ist, schämt er sich meistens, dass er sich „wegen so was" das Leben hatte nehmen wollen. Erschwerend kommt hinzu, dass in Akutkrankenhäusern nicht unbedingt freundlich-zugewandt mit Suizidenten umgegangen wird. Ihnen wird mehr oder weniger deutlich vermittelt, dass sie unnötig Arbeit machen, dass man Wichtigeres zu tun habe, dass sie anderen Patienten die Zeit stehlen ... und dass sie „es" das nächste Mal doch „richtig" machen sollten. Wenn in dieser Situation dann von einem Arzt, Sozialarbeiter oder Psychiater nach dem „Warum" gefragt wird, bleiben die Patienten stumm oder bieten dem Fragenden einen Grund an, von dem sie meinen, er würde anerkannt und mit der misslichen Situation „verrechnet" werden.

Es ist ein Vertrauensbeweis, wenn (vor allem alte!) Patienten über die Suizidauslöser sprechen. Dieser Einstieg gibt die Möglichkeit, die eigentliche, die dahinter liegende Problematik zu betrachten: die Isolation, die Kränkungen, die körperlichen Erschwernisse, die nie erörterten Verletzungen aus der Vergangenheit, den Lebensüberdruss und die Sinnlosigkeit des Daseins.

Im Folgenden schildere ich einen „Fall", der die Dramatik des Auslösers erkennen lässt: die ungeheure Diskrepanz zwischen dem minimalen auslösenden Problem und der End-Gültigkeit des Selbstmordes.

Ein Teller Bohnensuppe

Frau A. ist seit langem depressiv. Sie hat seit ihrem 58. Lebensjahr eine fortschreitende Arthrose, die ihr starke Schmerzen bereitet und sie zunehmend in ihrer Bewegung behindert. Nach ihrer vorgezogenen Verrentung zieht sie sich mehr und mehr aus dem Sozialleben zurück, weil – wie sie sagt – sie sich anderen Menschen mit ihren Einschränkungen nicht zumuten will. Sie erlebt sich selbst als „missmutig" und „Spaßbremse". Außerdem schämt sie sich, wenn sie an manchen Tagen auf den Rollator angewiesen ist. Sie benutzt ihn seit drei Jahren, jedoch mit abnehmender Tendenz. Das bedeutet, dass sie oft tagelang nicht vor die Tür geht, entsprechend mit niemandem redet und zunehmend isoliert ist.

Ihre Versorgung lässt zu wünschen übrig. Sie kauft selten ein und behilft sich über lange Strecken mit Milchreis, Haferflocken und Brot zu den Mahlzeiten. Bevor sie aktiv wird, sich anzieht, ihre Sachen packt und losgeht, bleibt sie lieber daheim und ernährt sich unzureichend – was sie wiederum verstimmt. Sie würde „gerne mal wieder so essen wie früher, als mein Mann noch da war. Da habe ich jeden Tag richtig gekocht" – aber für sie alleine lohnt ihr der ganze Aufwand nicht. Frau A. versinkt langsam in Resignation und Depression.

Eines Abends sieht sie im Fernsehen einen Bericht über einen querschnittsgelähmten Spitzensportler, der die Botschaft vermittelt, dass das Leben trotz allem lebenswert ist. Sie nimmt sich vor, am nächsten Tag aktiv zu werden, in die Stadt zu gehen und etwas Schönes zu essen zu kaufen.

Am nächsten Morgen fällt es ihr, wie immer, schwer, aufzustehen. Sie überwindet sich mit viel Mühe. Sie überwindet sich auch, die Wohnung zu verlassen – und sie kauft für das

Mittagessen Zutaten ein, die sie sich eigentlich nicht gönnen will: grüne Bohnen (es ist Februar!) und ein Stück Kassler. Daheim angekommen, möchte sie am liebsten alles in den Kühlschrank packen und wieder ins Bett gehen. Das hat sie schon öfter gemacht – mit der Folge, dass sie ihre Waren nach einiger Zeit wegwerfen musste, weil sie zu passiv gewesen war, sie zu verarbeiten. An diesem Tag will sie es anders machen. Sie denkt an den Sportler vom letzten Abend. Es kostet sie viel Mühe, ihren eigenen Vorsatz in die Tat umzusetzen. Sie schält Kartoffeln, schnippelt die Bohnen, würfelt das Fleisch, findet auch noch etwas Bohnenkraut in ihrem Gewürzregal und kocht. Mit dem Duft kommen ihr Appetit und die Freude auf ein gutes Essen „wie früher".

Als alles fertig ist, füllt sie die Mahlzeit auf den Teller und trägt ihn zu ihrem Esstisch. Als sie ihn abstellen will, verfehlt sie den Stellplatz, gerät an die Tischkante und der Teller fällt herab. Er zerbricht, das Essen verteilt sich über den ganzen Fußboden, durchmengt von Scherben. Frau A. setzt sich neben dieses Missgeschick und beginnt, hemmungslos zu weinen. Diese Panne lässt alles über ihr zusammenschlagen: ihre Unfähigkeit zu handeln, ihre Schmerzen, ihre Ungeschicklichkeit in den Händen durch die Arthrose, ihre Einsamkeit (niemand hilft, niemand tröstet, niemand sammelt die Scherben und das Essen auf, niemand richtet sie auf, niemand sorgt für ein Ersatzessen, niemand ist da, den überhaupt irgendetwas interessiert …).

Frau A. geht an ihren wohlgefüllten Medikamentenschrank und schluckt wahllos, was sie für geeignet hält, sich selbst zu töten.

Sie wird nach zwei Tagen von einer Nachbarin gefunden, die sich wundert, dass der Rollator nicht richtig abgestellt ist und anderen im Wege steht. Im Krankenhaus weiß Frau A. nicht anzugeben, warum sie sich das Leben nehmen wollte. Als ich sie nach der Situation frage, die der Einnahme der Tabletten vorausging, beginnt sie zu schluchzen und sagt, dass sie sich so schämen würde – alles nur wegen eines Tellers Bohnensuppe. Und dann war ihr eingefallen, dass sie wieder nur Haferflocken essen konnte, obwohl sie sich mit allen Aktivitäten eine solche Mühe gemacht hatte!

In diesem „Scheitern" der Aktion sah sie symbolisch ihr derzeitiges Leben – und das Scheitern zeigte ihr, dass sie es nie mehr schaffen und nicht mehr aushalten würde.

Jeder professionelle Berater wird ähnliche Erfahrungen gemacht haben, und viele Selbstmordgefährdete könnten aus ihrem eigenen Erleben Gleiches oder Ähnliches beitragen, wenn sie in der Lage wären, diesen Moment zu reflektieren, und sich nicht „schämten", über dieses unerklärliche Phänomen zu berichten.

Zu welchen Fehleinschätzungen es kommen kann, wenn man Ursachen und Auslöser gleichsetzt, die dann in „Diagnosen" einmünden, zeigt eine alte Arbeit des österreichischen Selbstmordforschers Erwin Ringel. Für Ringel ist jeder Selbstmörder psychisch krank, wie „schwerkrank" manche Menschen zum Zeitpunkt des Selbstmordgeschehens waren, entnimmt er den „mitgeteilten Anlässen": „Drei Frauen drehten den Gashahn auf, weil ihre Männer den Hochzeitstag vergessen hatten. Ein junger Mann mit gesichertem Einkommen vergiftete sich mit Gas, weil er 20 Schilling Strafe bezahlen sollte. Ein anderer Jüngling beging einen Selbstmordversuch, weil sein Mädchen zu Silvester ohne ihn ausgegangen war. Eine Ehefrau schluckte Schlaftabletten, weil ihr Mann wegen einer ungebügelten Hose mit ihr gestritten hatte" (Ringel 1953/2003).

„Für den psychisch gesunden Menschen", konstatiert Ringel, „sind solche Alltagsvorkommnisse Bagatellen, über die er sich schnell hinwegsetzt; dem psychisch Kranken aber könnten sie vorgaukeln, in eine Sackgasse geraten zu sein" (a.a.O.).

Ringel als Psychiater zeigt mit dieser (und vielen anderen) Einschätzungen das Weltbild seines Berufsstandes: Es gibt Gesunde und Kranke, Neurotiker und Normale, Selbstmordgefährdete und -ungefährdete ... zwischen diesem Weiß und Schwarz gibt es nichts!

Für alle die von ihm geschilderten „Auslöser", die offenbar für ihn (und viele seiner Kollegen) mit den Gründen/Ursachen gleichgesetzt werden, kann ich mir dahinter liegende, schwerwiegende Lebensprobleme und/oder akute Krisen vorstellen, die mit Neurosen i.e.S. oder einem Psychisch-schwer-erkrankt-Sein nichts zu tun haben.

Es gibt nicht *die* Selbstmordgefährdeten (Kranken) und *die* Nichtselbstmordgefährdeten (Gesunden) – wir sind Menschen, die (fast) alle im Laufe von Jahrzehnten der einen oder anderen Gruppe zuzurechnen sind, wechselnd zwischen den Gruppen, hin- und herpendelnd, durch Hilfen aufgefangen werdend, bevor es zum Suizid kommt oder wir in das große schwarze Loch fallen, wenn der letzte Tropfen in das zu volle Lebens-Fass fällt.

Zur Illustration: Verzweiflung entsteht aus …losigkeiten

Hilflosigkeit
Bedeutungslosigkeit
Bedürfnislosigkeit
Kontaktlosigkeit
Schlaflosigkeit
Wertlosigkeit
Sinnlosigkeit
Hoffnungslosigkeit
Lieblosigkeit
Treulosigkeit
Bindungslosigkeit

Endlosigkeit
Perspektivlosigkeit
Machtlosigkeit
Bewegungslosigkeit
Freudlosigkeit
Ereignislosigkeit
Mutlosigkeit
Herzlosigkeit
Lustlosigkeit
Heimatlosigkeit
Ratlosigkeit

Alt – behindert – arm – einsam – depressiv.
Die Komponenten der Selbstmordgefährdung
alter Menschen

Der Komplexität des Altenselbstmordes werden wir sicher nie gerecht werden, auch dann nicht, wenn wir dazu weitere Theoriegebäude errichten. Ohnehin müssen die Selbstmorde alter Menschen individuell betrachtet und bewertet werden, wenngleich auf sozialpolitischer Basis. Sie spiegeln nicht selten – weit über Motive und Auslöser hinausgehend – 60, 70, 80 und mehr Lebensjahre mit ihren Belastungen wider.

Im folgenden Kapitel werde ich die wesentlichen Komponenten der Entstehung von Suizidalität bei Alten benennen und sie anhand von Fallbeispielen erläutern. Ärztliche/psychiatrische Diagnosen sind deswegen nicht überflüssig, aber sie sind oft (häufig sogar erst nach dem Tode gestellt!) klischeehaft und werden der tatsächlichen Lebensrealität alter Menschen nicht gerecht. Man kann es Ärzten nicht vorwerfen – „Einsamkeit" oder „Bedeutungslosigkeit" sind nun mal keine medizinischen Kategorien.

Behinderung

> „Das größte Übel, das wir unsern Mitmenschen antun können, ist nicht, sie zu hassen, sondern ihnen gegenüber gleichgültig zu sein. Das ist die absolute Unmenschlichkeit."
>
> (George Bernard Shaw)

Nicht noch mal so einen Sommer
„Wir haben zum Beispiel eine Frau gehabt, die etwa fünf Jahre lang krank, schwer krank in ihrer Wohnung ausgeharrt hat und fünf Jahre lang die Wohnung nicht verlassen hat. Dann wurde ihr klar, dass sie noch mal so einen Sommer oder noch mal so ein Jahr nicht mehr erleben wollte. Allein schon diese Vorstellung, dass sie nicht mehr nach draußen kann, hat dann dazu geführt, dass sie – das hat sie auch in ihrem Abschiedsbrief vermerkt –, sich dann entschlossen hat, im Rollstuhl die Treppe runterzustürzen."

Diesen „Fall" schilderte am 13. 11. 2007 der Soziologe Peter Klostermann in einer Sendung im WDR 1. Seitdem ich davon im Sendescript gelesen habe, lässt er mich nicht mehr los. Eine Frau, die im Rollstuhl sitzt/lebt, hat Betreuer – familiäre und/oder professionelle. Wieso ist innerhalb von fünf Jahren nie einer von ihnen auf die Idee gekommen, an dieser bedrückenden Situation etwas zu ändern: Umzug in eine Parterrewohnung mit der Möglichkeit zu Ausfahrten – wenigstens einmal monatlich ein Sozialdienst, bei dem junge Männer den Treppentransport übernehmen können – der Einbau eines Treppenlifts ...? Oder hat man all die Jahre nur immer gedacht, dass es nicht mehr lohne, weil sie ja doch bald stirbt? Diese alte Frau war so abhängig und so immobil, dass sie sich noch nicht einmal in der Apotheke Medikamente zur Selbsttötung besorgen konnte. Jemand anderer hat sie ihr sicher nicht besorgen wollen. Ob sie darum gebeten hat?

Eine alte Frau, die mit letztem Kraftaufwand eine so außergewöhnliche Selbstmordart wählt, weil ihr keine andere offenstand, wird sicher in fünf Jahren darüber gesprochen haben, dass sie gerne einmal wieder an die frische Luft und ins Grüne „gehen" würde. Vielleicht hat sie – als nichts half – auch über ihre Selbstmordpläne gesprochen. Vielleicht hat man sie nicht ernst genommen, da ihr als Rollstuhlfahrerin ohnehin keine Mittel zur Verfügung standen?

Einen Monat nach dieser Sendung zeigte der mdr, mit welchen Mitteln man in einer unterversorgten ländlichen Region dem Hausärztemangel begegnet. Die Helferin, die Hausbesuche macht, war im Gespräch mit einem Rollstuhlpatienten. Sie teilte ihm mit, dass der Antrag auf Einbau eines Treppenliftes erneut abgelehnt worden sei. Man solle es aber auf alle Fälle noch einmal versuchen. Dieser Mann saß bereits zwei Jahre in seiner Wohnung fest, ohne sie auch nur einmal verlassen zu haben. Von Selbstmord war nicht die Rede – noch nicht? Aber es ging um Geld, das nicht zur Verfügung gestellt wird.

Für Treppenlifte wird im Fernsehen aufwändig und teuer geworben: „Damit Sie Ihr schönes Zuhause nicht verlassen müssen ..." Dieses gezeigte „Zuhause" ist edel, teuer und elegant – aber was kostet ein Treppenlift?

Ich habe versucht, Informationen darüber einzuholen, und habe verschiedene Anbieter angerufen. Aber Preise wollte man mir nicht nennen – auch in den Prospekten stehen keine. Diese würde nur „unser Berater vor Ort" benennen … der sicher für ein Verkaufsgespräch mit alten Menschen besonders geschult wurde. Ich wollte keinen Berater, weiß inzwischen aber, dass es gebrauchte Treppenlifte ab 3.200,– Euro gibt. Nach oben ist die Preisskala offen.

Das ist viel Geld für Rentner und Behinderte. Ist es auch zu viel Geld für Krankenversicherung oder Staat? Oder wartet man in solchen Fällen geduldig ab, bis das Problem sich von alleine löst … mit oder ohne Gewalt gegen sich selbst?

Der Mensch *ist* nicht behindert, er *wird* behindert. Diese Grundaussage der Sonder-/Behindertenpädagogik verweist auf den gesellschaftspolitischen Part einer „Behinderung". Gegen viele Unfall- und Krankheitsfolgen, die Behinderungen nach sich ziehen, lässt sich ursächlich nichts (mehr) tun – aber es gibt Hilfsmittel in ausreichender Auswahl, die mit viel Kreativität entwickelt wurden. Es geht dann nur um die Frage: Wie viel Euro ist dem Staat ein behinderter alter Mensch wert?

Behinderungen können, wenn sie mit anderen Lebenserschwernissen zusammentreffen, selbstmordauslösend sein. Wenn die Sehkraft stark nachlässt und der alte Mensch ab Eintritt der Dämmerung nicht mehr hinaus kann … Wenn das Hörvermögen deutlich abnimmt und der alte Mensch deswegen zunehmend die Gesellschaft anderer meidet (Hörgeräte sind – wenn sie einwandfrei helfen sollen – ebenfalls im höheren 4-stelligen Euro-Bereich angesiedelt: pro Ohr!) … Wenn die Arthrose die Beweglichkeit massiv einschränkt und die Schmerzen kaum in den Griff zu bekommen sind … Wenn für die Benutzung des Rollstuhls andere Menschen behilflich sein müssen, die kaum zur Verfügung stehen – dann bedarf es „nur" noch zusätzlicher Schlafstörungen oder der Einsamkeit … und es gibt für den behinderten alten Menschen keinen Anlass mehr, weiterzuleben:

Am Funktionieren gehalten

Frau J., 74 Jahre alt, wird zwei Mal täglich von einer Pflege-kraft besucht, die sie morgens und abends wäscht, aus dem Bett holt, in das Bett bringt, sie an- und auszieht ... und dann wieder geht. Mittags gibt es „Essen auf Rädern". Selten kommt Besuch – die Gleichaltrigen sind weggestorben oder selbst de-solat. Die Tage im Rollstuhl sind unendlich lang: lesen und fernsehen und ein paar Handgriffe in der Küche. „Wie lange soll ich so noch leben? Und wozu noch? Ich bin doch nur noch wie ein Gegenstand für andere, der am Funktionieren gehalten wird. Wofür?"

Angst

> „Angst zu haben ist qualvoll; nicht zu wissen,
> warum man Angst hat, kann katastrophale Folgen
> haben, da einem in diesem Fall kein Fluchtweg aus
> der drohenden Gefahr zur Verfügung steht."
>
> (Levitt 1973, S. 16)

Zunächst müssen zwei Begriffe auseinandergehalten werden, die meistens synonym gebraucht werden, korrekt angewendet jedoch unterschiedliche Ursachen und Erlebensformen bezeichnen.

Von *Furcht* sprechen wir, wenn es für den Betreffenden einen *konkreten* Anlass gibt, negative Gefühle zu empfinden, wenn eine Situation bedrohlich ist und ein tatsächlicher Schaden befürchtet werden muss (z. B. unangeleinter, großer aggressiver Hund). Ei-ner Situation, die Furcht einflößend ist, kann man sich entziehen oder anderweitig auf sie reagieren, um Schaden abzuwenden.

Der Begriff *Angst* bezeichnet das Gefühl, dass etwas Furcht-bares, Unabwendbares geschehen wird, ohne dass dieses benannt werden kann. Sie tritt ohne direkte Stimulation von außen auf. In-sofern kann man einen Menschen mit heftiger Angst nicht fragen: „Wovor hast du Angst?" Diese Frage wird er nicht beantworten können.

Viele Autoren differenzieren zwischen den beiden Begriffen nicht. Insofern kann es zu Irritationen kommen – vor allem dort, wo Maßnahmen überlegt werden müssen. Hat das Gefühl einen realistischen Hintergrund, kann dieser beeinflusst werden, kann die Situation verändert werden, kann sie notfalls umgangen werden ... oder ist sie irrational, dem Außenstehenden nicht erklärbar und dem Betroffenen zunächst (!) nicht zugänglich?

Wenn ein alter Mensch sagt: „Ich habe Angst vor der Einweisung in ein Heim", wird man in Anbetracht der Heimrealität eher von „Furcht" sprechen müssen – zumal wenn der alte Mensch keine Wahlmöglichkeiten hat, weniger betucht ist und in die Entscheidungen nicht einbezogen wird. Er wird durch die Massenmedien und durch Schilderungen aus dem Bekanntenkreis wissen, was unter Umständen auf ihn zukommt. Er kann auf „Glück" hoffen, aber er wird die Realität fürchten – zu Recht (vgl. Kap. „Selbstmord aus Furcht ...").

Angst, deren Auslöser nicht zugänglich ist, kann auch „neurotische Angst" sein – eine Angst, die frühzeitig durch konkrete Situationen erworben und nie richtig aufgelöst werden konnte – möglicherweise weil die Situationen (latent) über einen längeren Zeitraum anhielten, durch die Lebensjahre aufrechterhalten wurden und es keine aktuelle manifeste Situation gab, die einen regulierenden Zugriff erforderte.

Allein auf der Welt

Ich hatte einen Klienten, der nach dem Tod seines Hundes versucht hatte, sich das Leben zu nehmen. Der Selbstmordversuch war durchaus als „ernsthaft" einzustufen – der Mann (69 Jahre alt) wollte tatsächlich sterben. Aus dem Akutkrankenhaus wurde er schnell wieder entlassen. Sein „Motiv" war mit Kopfschütteln abgetan worden. Sein Hausarzt, der vom Krankenhaus benachrichtigt worden war (auch das ist keine Selbstverständlichkeit!), hatte ihn „zurechtgestaucht", wie Herr P. erzählte. „Wegen eines toten Hundes bringt man sich nicht um. Gehen Sie ins Tierheim, die sind froh, wenn sich jemand einen Hund abholt."

Herr P. war verzweifelt. Er hatte sterben wollen, nun war er lebend entlassen und fand seine Situation schlimmer als zuvor.

Ich kann den Schmerz um ein totes Haustier nachvollziehen, mit dem man viele Jahre zusammen gelebt hat. Aber sich deswegen das Leben zu nehmen, schien mir ungewöhnlich. (In solchen Situationen muss der berufliche Helfer mehr als sonst reflektieren: Was *mir* nicht einleuchtet, was *mich* nicht überzeugt, kann nicht der Maßstab für meine Einschätzung und mein Handeln sein. Schmerz ist *immer* subjektiv!)

Ich ließ mir mit Herrn P. viel Zeit, schwieg oft und viel mit ihm (was bei der Nachbetreuung von Selbstmordpatienten ohnehin angebracht ist) und wartete stets, was er sagen würde.

Er erzählte, dass vor acht Jahren seine Frau an Krebs verstorben sei. Zu diesem Zeitpunkt habe er zwei Initiativen ergriffen: Er nahm Kontakt zu einem alten Freund auf, mit dem ihn eine lange, aber nur lose Beziehung verband, und er holte sich einen jungen Mischlingshund aus dem Tierheim. Zu dritt unternahmen sie einiges, waren viel unterwegs, liefen, radelten und zu Hause fühlte er sich mit dem Hund nie alleine. Er hatte jemanden zu umsorgen und bekam ein Übermaß an Zuwendung zurück.

Nach vier Jahren verstarb unerwartet der Freund. Er hatte einen Herzinfarkt. Und jetzt musste der Hund eingeschläfert werden, weil er schwer nierenkrank war und Medikamente nicht mehr ausreichten.

„Und da war das eingetreten, wovor ich zeit meines Lebens Angst hatte", sagte Herr P. wie nebenbei. Das war das Stichwort für die Weiterarbeit mit ihm.

Herr P. war Kriegskind. Durch Krieg, Flucht und Nachkriegszeit verlor er nach und nach fast seine ganze Familie: Zwei Geschwister starben, der Vater verließ die Familie kurz nach seiner Heimkehr aus der russischen Kriegsgefangenschaft, dann starben im Jahresabstand zwei Großelternteile, in der Nachbarschaft erhängte sich ein guter Bekannter – und als Herr P. zwölf Jahre alt war, waren nur noch er und seine Mutter übrig.

„Ich war in all den Jahren wie überwältigt vor Angst, dass sie mir auch noch wegsterben würde. Ich geriet manchmal in eine regelrechte Panik, dass ich alleine auf dieser Welt zurückbleiben würde. Dieses Gefühl hat mich immer wieder ergriffen. Als meine Mutter starb, hatte ich schon meine Frau. Trotzdem kam die alte Angst wieder hoch. Als meine Frau starb, war ich irgendwie darauf vorbereitet und habe gleich von mir aus die Initiative ergriffen. Zuletzt blieb mir mein Hund. Wir hatten eine sehr enge Beziehung zueinander. Wir waren nie länger als eine Stunde getrennt. Ich nahm ihn überall hin mit."

Dann war der Hund tot, und ohne dass sich bei Herrn P. noch einmal sein Sicherungssystem einschaltete und er aktiv wurde, geriet er in Panik: Die alte Kinderangst hatte ihr Ziel gefunden – er war „allein auf der Welt".

Angst und Selbstmord gehören deswegen eng zusammen, weil Angst völlig ungerichtet ist, scheinbar keinen Grund hat und man ihr deswegen nicht rational begegnen kann. Angst kann den Menschen geradezu überfluten. Sie kann sich unversehens zur Panik steigern. Panik verlangt Flucht – und wenn kein anderes Flucht-Ziel zur Verfügung zu stehen scheint, gibt es immer noch den letzten Ausweg: Selbstmord! Die Angstspannung explodiert geradezu in der Selbstvernichtung. Tot sein heißt dann: keine Angst mehr aushalten zu müssen.

Dieses Szenario ist nichts Außergewöhnliches und auch nichts Krankhaftes im Sinne einer psychiatrischen Diagnose. Wir werden – wenn wir es uns eingestehen – fast alle von Ängsten unterschiedlicher Ausprägung heimgesucht. Dass es nicht zu Katastrophen wie einem Selbstmord(versuch) kommt, haben wir oft Menschen zu verdanken, die in der Nähe sind, die zum Gespräch zur Verfügung stehen oder im „passenden Moment" anrufen.

Gespräche heilen. Gemeinschaft heilt. Zuwendung heilt. Menschen heilen – so man sie hat. Herr P. hatte zum Zeitpunkt seines Selbstmordversuches niemanden, er hatte nur die Gewissheit, übrig geblieben zu sein.

Einsamkeit

„Viel mehr als Ziele braucht man vor sich –
um leben zu können – ein Gesicht."

(Elias Canetti)

Wohl nichts anderes verdeutlicht die Einsamkeit alter Menschen eindruckvoller als Berichte über Tote, die tage- oder wochenlang in ihrer Wohnung lagen, ohne dass jemand sie vermisste. Nichts kennzeichnet die Gleichgültigkeit stärker: Ob du lebst oder schon tot bist, ist einerlei. Nachbarn werden oft erst durch den Geruch aufmerksam! 2007 berichtete der SPIEGEL über einen Extremfall: Fast sieben (!) Jahre nach seinem Tod wird Herr H.-G. S. tot in seiner Wohnung aufgefunden. Das Sterbedatum ermittelt sich aus der aufgeschlagenen Fernsehzeitung. Mit den Verwandten bestand kein Kontakt mehr. Und: „Wie kann es sein, dass der Stadt Essen ein Sozialhilfeempfänger wegstirbt (...), ohne dass es das Sozialamt merkt?" (Dahlkamp 2007, S. 54). Als es um das Bezahlen der Beerdigung ging, fand das Amt die Angehörigen sehr schnell, da gab es plötzlich ein konkretes Interesse an diesem Menschen: Geld.

In der Süddeutschen Zeitung erscheinen für die Stadt München regelmäßig auf der Seite der Traueranzeigen Aufrufe an Angehörige, sich zu bestimmten Verstorbenen zu melden. Offenbar sind diese Menschen so einsam gestorben, wie sie gelebt haben. Nun fallen die Beerdigungskosten an den Staat, der sie gerne – zu Recht – an Verwandte weitergeben würde.

Einsamkeit ist eines der *Leitmotive* für den Altersselbstmord. Mit der An- oder Abwesenheit von Menschen steht und fällt der Alltag – vor allem, wenn der Betreffende auch noch krank, behindert oder schwer depressiv ist und sich nicht aus eigener Kraft die Gesellschaft anderer holen kann.

Es ist bei einsamen Menschen nicht unbedingt gesagt, dass sie alleine leben – aber sie leben so, dass sich am Ende niemand für sie verantwortlich fühlt.

Einsamkeit zieht sich für manche Menschen durch ihr ganzes Leben. Sie kann Ausdruck sein für Menschenscheu, für eine extreme Konfliktscheu, für Schüchternheit oder für die Auswirkungen eines narzisstischen Ich, das es allen anderen schwer macht, mit diesem Menschen auszukommen.

Meistens trifft Einsamkeit die Menschen aber erst im Alter. Lapidar wird in der üblichen Aufzählung von Altersproblemen stets angemerkt: „Tod der Freunde". Der Tod des Ehepartners oder eines Lebenszeitfreundes ist jedoch ein sehr schwerwiegender Einschnitt, dem das anhaltende Gefühl der Verlassenheit folgt. Neue Menschen zu finden ist für Alte schwieriger als für Junge. Es stehen ihnen wesentlich weniger Gelegenheiten zur Verfügung (Disco, Reisen, Sportclub, Arbeitsstelle …). Aber selbst wenn im Ehrenamt, beim Besuchsdienst oder in VHS-Kursen neue Kontakte entstehen, haben sie gar nicht die Chance, zu einer solchen Vertrautheit zu gelangen wie mit Menschen, mit denen sie 30 – 40 – 50 Jahre lang alles geteilt haben: Freud und Leid, Freunde und Bekannte, Reisen und Hobbys, Streit und Versöhnung, Gedanken und Sehnsüchte.

Alten Menschen, die im Laufe der Jahre durch Verluste vereinsamen, fehlt das wortlose sich Austauschen, das durch Blicke und Gesten möglich ist. Es fehlt ihnen das „Weißt du noch?", und der andere „weiß". Es fehlt der Mensch, mit dem man eine gemeinsame Geschichte teilte, die nicht wiederholbar ist – vom verbleibenden Zeitraum her nicht und vor allem nicht durch die menschliche Qualität.

Dass alte Menschen zunehmend in 1-Personen-Haushalten leben, ist nicht das wesentliche Kriterium. Sie können anderweitig voll integriert sein. Dass 2 % aller Großeltern noch nie ihr Enkelkind gesehen haben und weitere 4 % nur ein Mal jährlich bzw. „alle paar Jahre", ist schon ein stärkerer Indikator für Vereinsamung (Reidl 2007, S. 149, nach einer Umfrage in ELTERN). Kinder und Enkel sind für alte Menschen *die* Zukunft. Falls sie keine haben, haben sie sich über Jahrzehnte darauf einstellen können. Falls sie welche haben und ihnen der Zugang zu ihnen verschlossen bleibt, sind sie in besonderer Weise getroffen.

Einsamkeit ist bei alten Menschen ein besonderer Stressfaktor. Sie wirkt sich auf die körperliche Gesundheit aus, weil sie oft mit Angst gepaart ist und aufgrund mangelnder Anregungen von außen den räumlichen Aktionsradius (Bewegung!) einschränkt. Bewegung führt zu besserer Durchblutung. Aktivitäten machen Freude, bringen Anregungen, die wiederum die Einsamkeit als weniger brisant erleben lassen. Einsamkeit korrespondiert eng mit Depression. Beide bedingen einander und bilden einen Sog nach unten, dem irgendwann kaum noch zu entkommen ist.

Der einsame Selbstmordgefährdete fragt: Für wen soll ich noch leben? Wer würde mich vermissen, wenn ich nicht mehr da wäre? Wer würde um mich trauern? Aber auch umgekehrt wird gefragt: Wer will überhaupt noch was von mir? Für wen kann ich noch da sein? Wem darf ich Gutes tun?

Eine alte Frau, mit der ich in einem Café ins Gespräch kam, sagte mir: „Ich gehe gerne in die Stadt und mache Schaufensterbummel. Aber ich werde es bald aufgeben. Ich habe niemanden, dem ich was Schönes kaufen könnte." Der Mensch wird zum „Ich" nur über das „Du" – wo es aber kein Du (mehr) gibt, gibt es auch bald kein Ich mehr.

Mich braucht keiner mehr

Frau M., 72 Jahre alt, hat ihre tiefe Einsamkeit in Worte gekleidet: „Keiner ruft mich an, und da, wo ich anrufe, störe ich. Die sind dann beim Fernsehen oder haben Besuch oder wollen sich gerade hinlegen. Es kommt auch niemand mehr, seit mein Mann tot ist, dabei waren es doch alles unsere gemeinsamen Freunde, dachte ich. Mich braucht keiner mehr, mich benützen alle nur, wenn sie was von mir wollen. Und das Schlimmste ist – ich lasse mich benützen, um nicht noch mehr einsam zu sein." Frau M. ist akut selbstmordgefährdet.

Exkurs: Der signifikante Andere

Bei einem Zusammentreffen älterer Frauen, die sich in der Initiative „Besuchsdienst" eines karitativen Verbandes aktiv beteiligen, fällt das Stichwort „Selbstmord". Daraufhin klagt eine der Teilnehmerinnen hörbar „mitgenommen", dass man gegen Selbstmord sowieso nichts machen könne. Sie habe eine (ebenfalls ältere) Dame betreut, die immer wieder Todeswünsche äußerte, sterben wollte, über Selbstmord redete – und ihren Wunsch damit begründete, dass ihr Leben doch nur noch aus Schmerzen bestünde.

Dann fuhr die betreuende Frau für zwei Wochen in den Urlaub, nicht ohne die Betreute zu „ermahnen" (so wörtlich!), sich in der Zwischenzeit nicht umzubringen. Als sie aus dem Urlaub zurückkam, war die betreute Frau tot. Sie hatte sich vergiftet.

Die Betreuerin war – als sie diese Erfahrung schilderte – tief gekränkt. Sie wiederholte mehrfach, dass sie doch ausdrücklich gesagt habe, die andere solle sich nichts antun. Und dann wurde gegen ihre Weisung gehandelt.

Offensichtlich war sie der Auffassung, dass die suizidgefährdete Frau von ihrem Vorhaben absehen könne – ihrer Betreuerin zuliebe. Aber das war nicht der Fall. Die Beziehung war nicht tief, die Bindung nicht fest genug. Einmal wöchentlich für 1–2 Stunden besucht zu werden von jemandem, der Anweisung für das Verhalten bei Verzweiflung gibt, ist nicht genug! Möglicherweise war überhaupt kein gleichwertiges und gleichberechtigtes Miteinander entstanden, sondern nur ein soziales Gefälle von „Helfender" zu Hilfloser, von terminierten Besuchen zu angewiesenem Besuchtwerden.

Was der „Helferin" aller Wahrscheinlichkeit nicht klar (geworden) war, ist das, was wir in der Suizidalenarbeit mit dem Begriff des „signifikanten Anderen" umschreiben.

Es geht nicht in erster Linie darum, dass ein Mensch gelegentlich oder dauerhaft anwesend ist, sondern um die Qualität der Beziehung. Es geht um die Frage: *Für wen bin ich noch so wichtig, dass ich seinetwegen weiterleben will oder muss?* Wer braucht mich noch? Wem würde ich zutiefst fehlen, wenn ich nicht mehr am Leben wäre? Wer wäre emotional wirklich betroffen, wen würde ich einsam machen, wen im Stich lassen?

Diese Fragen lassen sich auch umkehren: Wer ist mir so wichtig, dass ich ihn noch gerne um mich haben würde? Dazu gehört natürlich, dass dieser Mensch verfügbar ist.

Für den „signifikanten Anderen" lässt sich leben, lassen sich Misslichkeiten, Entbehrungen und Schmerzen bis zu einem hohen Grade ertragen. Da gibt es ein emotionales Band, das „hält", und die Gewissheit, vom anderen mitgetragen zu werden. Es ist ein gleichwertiges Miteinander, ein verbindliches Wir-Gefühl. Die wöchentliche Besucherin eines karitativen Besuchsdienstes wird in der Regel nicht zu einer „signifikanten Anderen" werden, für die es lohnt, weiterzuleben, wenn die Beschwernisse objektiv oder subjektiv überhandnehmen!

Betrachtet man „Fälle" von Menschen, die sich das Leben nehmen wollen oder es sich genommen haben, im Hinblick auf das Vorhandensein eines „signifikanten Anderen", wird man feststellen, dass es so einen nicht gab – selbst wenn der Betroffene inmitten von Menschen lebte. Es bedarf einer starken gefühlsmäßigen Bindung zu einem oder mehreren Menschen, die die Bindung von sich aus bestätigen und leben, um (alte) Menschen davon abzuhalten, sich selbst zu töten. Das ist eine Gewissheit, über die keine Beratung oder Psychotherapie hinwegsehen kann. Gibt es keinen „signifikanten Anderen", ist die wöchentliche Therapiestunde ebenso wenig wert wie der wöchentliche Besuchsdienst.

Fehlen andere Menschen, ist die Einsamkeit vollkommen und die Tür zur Selbsttötung weit offen.

Exkurs Ende

Schmerzen

> „Schmerz ist ein Meister, der uns klein macht,
> Ein Feuer, das uns ärmer brennt,
> Das uns vom eigenen Leben trennt,
> Das uns umlodert und allein macht ..."
>
> (Hermann Hesse)

„,Haben Sie oft an Selbstmord gedacht?'
,Doch, sehr oft, mit einigen Schachteln Tabletten. Einfach weg aus dieser Welt, ich ganz allein und ganz schnell, das wär' toll'" (Koch 1998, S. 33).

Koch beschreibt den Schmerz-Werdegang einer älteren Frau, die „vielleicht 30" Ärzte in den letzten fünf Jahren um Hilfe ersucht hat und „vielleicht 50" verschiedene Medikamente verschrieben bekam. Sie hat alle Ärzte „durch": Orthopäden, Heilpraktiker, Zahnärzte, Neurologen, Schmerzambulanz, psychosomatische Klinik … Sie sagt: „Ich möchte, Schmerzen ließen sich messen (…) Dann gäbe es einen Beweis, dass man nicht einfach nur spinnt" (a. a. O.).

Wenn es heute in der Selbstmorddiskussion darum geht, dass Menschen sich töten, weil sie mit ihren Schmerzen nicht mehr leben können, kommt stets von allen Seiten der Hinweis, dass Schmerzen für die Ärzte kein Problem mehr seien. Es gäbe ausgewogene Schmerztherapien, Schmerzpraxen und Schmerzkliniken. Bei näherem Hinsehen muss man allerdings fragen: Reichen sie aus? Sind sie für die Betroffenen auch erreichbar? Wieso können „normale" Ärzte den Schmerz nicht hinreichend behandeln? Und: Wieso leiden Millionen Menschen an chronischen Schmerzen, die viele von ihnen – zermürbt – irgendwann in den Tod treiben?

Schmerz ist *auch* eine psychische Angelegenheit – was nicht heißt, dass er eingebildet ist. Schmerz macht Angst und Angst kann über massive Verspannungen zu Schmerzen führen. Chronische Schmerzpatienten bekommen Depressionen und Depressionen lassen jeden Schmerz ausufern. „Das Altern selbst unterwirft die Symptomentwicklung einem kontinuierlichen Wandel … auch bei Migräne ist das Risiko, später an Depressionen zu erkranken, erhöht" (Holsboer 2007, S. 164).

Mit zunehmendem Alter steigt die Wahrscheinlichkeit, unter chronischen Schmerzen zu leiden. Bei Menschen über 60 Jahren liegt der Anteil bei mehr als 30 %, bei Frauen doppelt so hoch wie bei Männern. Der Verbrauch an frei verkäuflichen Schmerzmitteln beschert der Pharmaindustrie jährlich Milliardengewinne. Und es sind Milliarden im zweistelligen Bereich, die an Kosten anfallen für Behandlung, berufliche Fehlzeiten und Frühinvalidität.

Wenn Schmerz als solcher den Alltag des Menschen schon beeinträchtigt, dann sind es die Reaktionen der Mitmenschen noch viel stärker: „Reiß' dich zusammen, stell' dich nicht so an, nimm eine Tablette, dann wird es schon wieder gehen …" Besonders bedrückend ist für Schmerzpatienten jedoch, dass selbst Ärzte mit diesem Phänomen nicht adäquat umzugehen verstehen. „Das kann gar nicht wehtun" oder „Mit diesem Mittel können Sie keine Schmerzen mehr haben" sind Reaktionen, die Patienten häufig hören … und dann eben in fünf Jahren „vielleicht 30" Ärzte aufsuchen. Diese Reaktionen führen zusätzlich zu den Schmerzen in die Isolation. Sie führen auch in die Verunsicherung, wie weit man sich selbst und den eigenen Wahrnehmungen noch trauen kann. Und damit führen sie in eine Krise.

Nicht jedes Medikament wirkt! Nicht jedes wirkt bei jedem Menschen gleich! Und nicht jeder schmerzbehaftete Mensch glaubt noch an die Wirkung von Medikamenten. Dass es um die Schmerzbehandlung in Deutschland schlecht bestellt ist, referierte im April 2008 der Göttinger Palliativmediziner Prof. Dr. Nauck in Hannover. Ärzte seien noch immer zu wenig mit diesem Thema vertraut. Es könne einer das gesamte Medizinstudium durchlaufen haben, ohne auch nur eine Stunde mit dem Thema Schmerzbehandlung in Berührung gekommen zu sein.

Nach Dr. Christian Robold (Vorsitzender der Ethik-Kommission) sind chronisch Schmerzgeplagte heute eher unter- als überversorgt. Zum Teil hätten Ärzte „Angst vor dem Staatsanwalt", überwiegend sei „das Wissen über Schmerztherapie nicht bei allen Ärzten angekommen".

Eine gesonderte Untersuchung zum Zusammenhang von Schmerzen und Altersselbstmord ist mir nicht bekannt, aber die Daten über körperliche Erkrankungen und Altersselbstmord weisen auf Schmerzen hin. Christe hat entsprechende Arbeiten zitiert, aus denen hervorgeht, dass körperliche Erkrankungen bei 25–50 % der Suizidenten das Hauptmotiv waren und bei 70–80 % ein Motiv unter andern. Patienten mit suizidalen Gedanken litten zu 63 % unter Arthrosen und Arthritis (diese sind beeinträchtigend, behindernd und sehr schmerzhaft!). Bei Männern stehen die körperlichen Erkrankungen an erster, bei Frauen an zweiter Stelle der genannten Ursachen (Christe 1989, S. 68 f).

„Schmerz ist ein Meister, der uns klein macht" ... und manchmal
führt er nach Isolation und langem Leiden in den „freiwilligen"
Tod.

Schlafstörungen

> „Nun trifft es mich, wie's jeden traf.
> Ich liege wach, es meidet mich der Schlaf.
> Nur im Vorbeigeh'n flüstert er mir zu:
> ,Sei nicht in Sorg', ich sammle deine Ruh'.
> Und tret' ich eh'stens wieder in dein Haus,
> So zahl' ich alles dir auf einmal aus.'"
>
> (Theodor Fontane)

Auf der Suche nach den Ursachen der Selbsttötung bemühen sich
die Forscher seit Durkheim 1897, mittels statistischer Angaben,
Daten, Zahlen, Häufungen und tabellarischem „Gipfel" dem eigentlichen Geschehen auf die Spur zu kommen, um es beeinflussen zu können. Dabei wurde stets auch nach Jahres-, Monats- und
Tagesgipfeln geforscht. Ein Ergebnis war, dass Selbstmorde sich
in den sehr frühen Morgenstunden häufen – vor Tagesanbruch,
etwa zwischen 2 und 4 Uhr.

Die wesentliche Erklärung für dieses Phänomen dürften Schlafstörungen – hier: hartnäckige Schlaflosigkeit – sein.

Schlafprobleme treten bei älteren Menschen „von Natur aus"
auf und sind „normal". Sie haben Einschlaf- und Durchschlafstö-
rungen und sind oft nach der Nacht nicht frisch und gut erholt.
Nach Holsboer nimmt der prozentuale Anteil des Tiefschlafs am
Gesamtschlaf im Laufe des Lebens ab. „Bei älteren Menschen ist
die Gesamtmenge an REM-Schlaf (*Rapid-Eye-Mo*vement) im
Vergleich zu jungen Erwachsenen etwa um 40 % verringert. Die
Verluste werden durch (...) flachen oder leichten Schlaf aus-
geglichen" (Holzboer 2007, S. 177). Schlaf ist hormongesteuert.
„Bei alten Menschen ist die Cortisol-Freisetzung erhöht; das
betrifft speziell die Werte um Mitternacht, wenn normalerweise
Tiefstwerte für Cortisol gemessen werden. (...) Wir schließen
daraus, dass (...) dies einer der Faktoren ist, der den flachen und

durch häufiges Erwachen charakterisierten Schlaf älterer Menschen hervorruft" (a.a.O., S. 179).

„Mit zunehmendem Alter wird die Schlafstruktur immer weniger den physiologischen Erfordernissen gerecht. Eine ungünstige Rolle können die im Alter gehäuft vorkommenden Erkrankungen spielen (...), die mit Schmerzen verbunden sind, etwa Arthritis, Atemstörungen, chronische Bronchitis (...)" (a.a.O., S. 181).

Holsboer und andere Autoren weisen darauf hin, dass neben den Körpererkrankungen die seelischen Störungen für Schlafprobleme verantwortlich gemacht werden müssen. Auch hier treffen wir wieder auf einen Teufelskreis: Mangelhafter Schlaf durch Schmerzen führt in die dauerhafte Müdigkeit – Passivität – Niedergeschlagenheit – mangelnde Bewegung – Isolierung nach außen hin – Aufputschmittel wie Koffein und Nikotin – depressive Verstimmung – Depression. Hinzu kommen stundenlanges Grübeln, das den Schlaf verhindert, tagsüber Medikamenteneinnahmen gegen alles Unwohlsein, Konflikte mit anderen, ausgelöst durch depressiv-destruktive Verhaltensweisen, erneute Konflikte, die Angst auslösend wirken können, Schlaflosigkeit und erhöhte Krankheitsanfälligkeit ... Die Wege und die Reihenfolgen können sehr unterschiedlich sein, sie führen aber alle – wenn sie nicht gezielt reflektiert und behandelt werden – in einen desolaten psychophysischen Dauerzustand, der – wenn weitere Probleme auftreten – im Selbstmord enden kann: morgens zwischen 2 und 4 Uhr, wenn „nichts mehr geht".

Armut

> „Geld ist nicht alles,
> aber ohne Geld ist alles nichts!"
> (Volksmund)

Was der Volksmund flapsig bemerkt, bekommt für Menschen in schwierigen und eingeschränkten Lebenslagen eine besondere Bedeutung. Armut gehört nicht zu den primären Selbstmordursachen, aber sie hat die Wirkung eines Verstärkers, ggf. eines Auslösers.

Als „arm" gilt derzeit jeder, der weniger als 50 % des Durchschnitts-Nettoeinkommens hat. Diese Zahl ist eine künstlich gesetzte, die inhaltlich wenig aussagt. Zieht in eine Gemeinde ein Multimillionär, steigt die Anzahl der Armen automatisch, ohne dass sich an ihrem verfügbaren Einkommen etwas geändert hätte. Würde die Prozentangabe auf 40 gesenkt werden, hätten wir wesentlich weniger Arme, erhöht auf 60 % würde die Anzahl deutlich steigen. Nichts kennzeichnet die Beliebigkeit mehr. So gilt heute der „Hartz IV"-Empfänger als arm, während die vorangegangene Regelung („Sozialhilfe") eingerichtet worden war, um Menschen vor Armut zu bewahren.

Im April 2008 befand der SPIEGEL, dass Armut im Alter derzeit kein Problem darstelle. Sie beträfe nur 2 % der Alten. Das sind immerhin 400.000, aber verschwindend wenige gegenüber der Altersarmut der Zukunft. Diese hat allerdings nichts mit den „zu vielen Alten" zu tun, die Renten erhalten, sondern mit zu vielen Jungen, die keine Kinder bekommen, und vor allem mit 5–9 Millionen Dauerarbeitslosen, in „Maßnahmen" geparkten (eigentlichen) Arbeitnehmern und mit den Millionen arbeitender Menschen, die im Niedriglohnsektor zwischen 3,50 Euro und 6 Euro pro Stunde verdienen. Sie alle tragen derzeit (so gut wie) nichts zur Rentenkasse bei, aus der die laufenden Renten der jetzigen Alten aber bezahlt werden müssen. Sie erwerben selbst (so gut wie) keine eigene Rentenberechtigung und werden in Zukunft auf die Grundsicherung („Sozialhilfe") angewiesen sein. „Der Paritätische" (04/2008) rechnet für das Jahr 2022 mit 10–15 % armen Alten, die von der „Grundsicherung" leben werden. Das werden „gut zwei Millionen" sein.

Für die Selbstmordgefährdung bedeutet Armut, dass alle anderen schon vorhandenen Komponenten als noch belastender als ohnehin schon erlebt werden können:

— Der Behinderte, der sich kein Taxi leisten kann und damit noch immobiler ist und ggf. Kontakte einschränken muss. Aber auch Putzhilfen kosten Geld, Hilfe im Garten und beim Einkaufen ebenso. Ein Behinderter, der bewegungseingeschränkt ist, bedarf der Fußpflege, wenn er alleine lebt. Alle diese Dienste sind teuer: 9 bis 20 Euro pro Stunde ... in Schwarzarbeit! Muss ein Pflegedienst bemüht werden, belaufen sich die monatlichen Unkosten schnell auf 800 bis 900 Euro.

— Der Einsame, der sich nicht traut, jemanden einzuladen oder zu Besuch zu gehen, weil er meint, nichts bieten zu können, und der auf kostenpflichtige Veranstaltungen verzichten muss, auf denen er Menschen treffen würde.

— Der von Schmerzen und Schlaflosigkeit Geplagte, der nichts unternimmt, was ihn von seinen Problemen wenigstens für Stunden ablenken könnte, oder der im Sport (Schwimmen, Yoga, Tai-Chi ...) Erleichterung finden könnte (Eintrittsgelder, Mitgliedsbeitrag, Fahrgeld ...).

— Der Depressive, der aufgrund mangelnder Mittel immer passiver wird. Fällt ihm möglicherweise etwas ein, das ihm Freude bereiten könnte, hat er dazu nicht das notwendige Geld – auch dann nicht, wenn er jahrzehntelang gearbeitet hat.

„Armut ist alt und weiblich", heißt es bereits seit Jahrzehnten. Frauen verdienen i. d. R. weniger als Männer, sie arbeiten in der Familienphase nur „halb" oder stundenweise (schwarz). Sie tragen vollwertig zum Familienunterhalt bei – aber nicht zu ihrer Rente. Die Anrechnung der Kindererziehungszeiten ist lediglich ein Tropfen auf den heißen Stein und eines Sozialstaates, der Kinder braucht, unwürdig!

Da Frauen aus unterschiedlichen Gründen verstärkt zu Depressionen neigen, werden sie auch in Zukunft diejenigen sein, die sich töten, wenn sie alt, krank, einsam sind und wenn sie nach jahrzehntelanger Berufs- und Familienarbeit monatlich überlegen müssen, ob sie sich ein Buch oder Haareschneiden oder Fußpflege oder einen Cafébesuch leisten können.

Durch die Altersarmut der Zukunft wird sich die Selbstmordquote in Deutschland erhöhen, zumal auch die Heimunterbringung für die Armen mit Sicherheit noch schlechter wird – denn wer sollte einen angemessenen Standard bezahlen? Die Aussicht, für die „restlichen" 3 – 5 – 10 Jahre in einem Dreibettzimmer mit Billigpersonal aus Drittweltländern, ohne Freizeitangebote, Sport, Bücher und ein Mindestmaß an individueller Förderung auskommen zu müssen, dürfte noch mehr Menschen als heute „aus Furcht vor dem, was kommt" in den Selbstmord treiben.

Aber vielleicht wird diese Selbsttötung dann als „Freitod" deklariert? Irgendwelche „Denker" werden dem versagenden Staat schon die richtigen Argumente liefern.

Depressionen

„Die bösen Tage sind kommen;
Da sind sie nun, die Jahre,
Von denen ich sagen muss:
Leer sind sie mir von Freuden ..."

(Christian Friedrich Daniel Schubart 1739–1791)

Die „Depression" gilt als Hauptverursacher des Selbstmordgeschehens. In den Ursachenskalen wird sie stets an erster Stelle genannt. Sie soll in 40–60 % einem Selbstmord zugrunde liegen. Manche Autoren geben bis zu 80 % an. Wie weit diese Zahlen zutreffend sind, muss offen bleiben. Einerseits kann man annehmen, dass sich niemand töten wird, der zufrieden und lebensfroh ist. Andererseits bekommen Selbstmordforscher (/-statistiker) das Gros der Selbstmörder nie zu Gesicht, so dass die Diagnose allenfalls eine von Angehörigen und Ärzten mitgeteilte sein kann, was post mortem eine nicht unerhebliche Rolle spielt. Die Diagnose Depression schützt in gewisser Weise auch die Familie: Niemand hat Schuld an Schmerzen, Vereinsamung, Armut oder mangelhafter körperlicher und ärztlicher Versorgung. Ebenso hat diese Diagnose für Ärzte ein entlastendes Moment: Sie ist klar, präzise, eindeutig. Sie ist „medizinisch" und benötigt keine „unnötigen" sozialen und sozialpolitischen Überlegungen.

Wer „depressiv" war, war krank. Wer krank war, hatte individuell ein Leiden – gleich welcher Genese. Depression ist fast immer eine End-Diagnose, die allenfalls unterteilt wird in „psychoreaktiv" oder „endogen", wobei Letzteres nichts anderes bedeutet als: Wir wissen nicht, woher die Depression kommt. In ersterem Fall wird sich in der Diagnostik und Therapie gelegentlich um den/die Auslöser bemüht, die dann möglicherweise in die Behandlung einbezogen werden. Wird nur medikamentös behandelt, ist oder scheint der auslösende Faktor nicht von Bedeutung. Maercker schätzt den Anteil der „Major Depression" (primäre Depression) bei über 65-Jährigen auf 5–10 %. Etwa weitere 20 % weisen depressive Störungsbilder einschließlich sog. subsyndromaler Depressionen (Depressionen neben anderen Störungsbildern) auf. Angststörungen finden sich ebenfalls bei 5–10 % der Älteren (Maercker 2003, S. 133).

„Depression" ist zu einem Sammelbegriff für unterschiedlichste Gemütszustände der unterschiedlichsten Ausformungen, „Qualität" und Stärke geworden. Von der ursprünglichen ärztlich-psychiatrischen Diagnose wurde sie zu einem Alltagsbegriff. Er umfasst Trauerreaktionen, Vitalverstimmungen, kurze oder längere Phasen von Passivität bis hin zu der schwersten Form von Depression, von der manche Psychiater sagen: „Wer eine Depression hat, kann nicht darüber reden, und wer darüber redet, hat keine."

Wichtig ist zu wissen, dass die Übergänge in den Erscheinungsformen sehr fließend sind, dass sie aber auch „fließen" können in der Entwicklung von schwächerer Verstimmung über Körperdysfunktionen bis hin zur psychophysiologisch-sozialen Einengung, die letztlich in einem Selbstmord endet.

Die Symptome einer Depression (ebenfalls abgestuft in ihrer Erscheinung) sind: Angst, Hoffnungslosigkeit, Gleichgültigkeit, Traurigkeit, Antriebslosigkeit, tiefe Niedergeschlagenheit, mangelhafte Reaktionsfähigkeit, Passivität im Alltag, Entscheidungsunfähigkeit, Handlungsunfähigkeit …

Das Leben wird erlebt wie ein nicht zu bezwingendes Gebirge. Menschen erscheinen kränkend oder feindselig, falls sie (noch) wahrgenommen werden. Die Tage sind dunkel, Essen und Trinken haben keinen Geschmack mehr, die schlaflosen Nächte sind endlos, die Körperfunktionen geraten aus dem Tritt – „nichts geht mehr".

Diesem Erleben von vollständiger Sinnlosigkeit des Daseins, von Aussichts- und Zukunftslosigkeit, von eigener Wertlosigkeit können manche Menschen nur noch entfliehen, indem sie all diesem ein Ende bereiten und sich selbst töten. „Eigentlich" fühlen sie sich schon „wie tot", wie abgestorben – aber sie leiden noch. Da dieses Leiden keinen Sinn mehr hat und nicht die Hoffnung besteht, dass sich etwas bessern könnte, vollziehen sie nur noch den „körperlichen" Schritt, die Konsequenz – soweit sie dazu noch in der Lage sind. Schwerstdepressive Menschen töten sich nicht. Es fehlt ihnen dazu der Antrieb. Wenn Ärzte diese Dynamik nicht (er)kennen, besteht die Gefahr, dass sie dem Selbstmord durch die falsche Medikation Vorschub leisten. Antidepressiva (so sie überhaupt Wirkung haben!) wirken stimmungsaufhellend und/oder antriebssteigernd. Wird der (Lebens-)Antrieb gesteigert, ohne dass die Stimmung deutlich aufgehellt (also weniger depressiv) ist, entfällt der Schutz des Depressiven vor der Selbsttötung. Er ist unendlich traurig, hat jetzt jedoch den „drive", zur Selbstmordtat zu schreiten, der ihm normalerweise in einer tiefen Depression fehlt.

Alle vorstehend genannten Komponenten des Selbstmordgeschehens stehen mit der Depression in direkter Verbindung. Jeder Faktor bedingt jeden, verstärkt ihn, löst ihn immer wieder erneut aus. Depression darf nie als eine isolierte Diagnose betrachtet werden, die von der Umwelt unabhängig und nur individuell ist. Selbst die sog. „endogene" Depression, bei der die Ursache dem Außenstehenden (nicht unbedingt dem Betroffenen) unbekannt ist, geht enge Beziehungen zu den „Komponenten" ein. Wie stark umweltabhängig die Depression und infolgedessen die Selbstmordgefährdung ist, ergibt sich auch aus den folgenden Kapiteln, die sich mit dem Wert von alten Menschen befassen. Depressive Selbstmordgefährdete haben eine massive Selbstwertproblematik – und diese entsteht auch durch den Wert, der dem Menschen sowohl als Individuum wie auch als Mitglied einer Altersgruppe beigemessen wird.

Selbstmordprophylaxe ist also immer auch Depressionsprophylaxe. Und Depressionsprophylaxe muss sich mit dem körperlichen, seelischen und sozialen Wohlergehen des alten Menschen beschäftigen.

Altersselbstmord als Ausdruck einer Krise?

„Jede Krise von Menschen ist eine Frage
von Leben und Tod."
(Dörner/Plog, 1984)

Die Selbstmordstatistik kennt drei zeitliche „Selbstmordgipfel" im Leben von Menschen. Der erste zeichnet sich am Ende der Pubertät ab, wenn der junge Mensch erwachsen wird, wenn er sich abnabeln muss, wenn „Hotel Mama" vorbei ist und er vor völlig neuen Anforderungen steht: in Studium oder Berufsbeginn, in Liebesbeziehungen und in räumlichen Trennungen. Dieser Lebensabschnitt ist die größte und umfassendste Krise im Leben eines Menschen schlechthin.

Der zweite Gipfel zeigt sich im Alter von Mitte 40 bis Anfang 50 – bei Frauen etwas eher, bei Männern später. Es ist die Zeit der zweiten großen Trennung: von den Kindern, oft vom Partner, von Zukunftsplänen und Illusionen. Das letzte Lebensdrittel beginnt, und der Tod der eigenen Eltern macht deutlich: Diese Generation wird „die nächste" sein. Auch hier gilt es, neue Lebensentwürfe zu entwickeln.

Der dritte Gipfel ist kein Gipfel im Sinne der bisher genannten. Es gibt keine Spitze, hinter der es einen Abfall gibt. Ab Mitte 70 geht es statistisch mit den Selbstmordzahlen nur noch steil bergauf.

Dieses Gipfel-Bild ist sinnbildlich auch für die Lebenskrisen nutzbar. Bei alten, vor allem sehr alten Menschen stellt sich jedoch die Frage, ob jenseits von massiven Problemen („Krisen") überhaupt noch Änderungen möglich sind, ob es Alternativen gibt und ob der Betroffene für die letzte kurze Zeitspanne positive Entwicklungen zu sehen vermag.

Zu unterscheiden sind dabei kurzfristig aufgetrete Probleme (Konflikte, Streit ...), die evtl. durch Vermittlung Dritter zu lösen sind, und Schwierigkeiten, die sich langfristig anbahnten und in der Krise eskalierten. Erstere scheinen lösbar, Letztere bedürfen eines hohen Aufwandes, für den möglicherweise die Kraft fehlt.

Wie entsteht eine Situation, die nicht selten als Grenzziehung im menschlichen Leben erlebt wird? In der Selbstmordforschung wird davon ausgegangen, dass Krisen fast immer „Konfliktkrisen" sind, d. h. Situationen, in denen es im zwischenmenschlichen Bereich zu scheinbar unlösbaren Problemen gekommen ist. Dabei spielen Trennungen eine herausragende Rolle – sowohl die akuten als auch die befürchteten, vorausgeahnten, als auch die vergangenen und nicht verarbeiteten Trennungen. Die Verzweiflung, die daraus entsteht, entspringt einer erlebten Verstümmelung des Ich, einem massiven Angriff auf das Selbstwertgefühl, einem Aufwachen aus dem Traum immerwährender Verbundenheit und Verschmelzung mit dem Liebesobjekt. Die als Einheit erlebte (oder auch nur herbeigesehnte) Verbindung stellt sich als brüchig heraus.

Bei alten Menschen sind es insbesondere zwei Arten der Trennung: Es ist der Tod des Partners oder eines „signifikanten Anderen", der ein Loch aufreißt. Und es ist die Erkenntnis, dass die „Einheit" mit den Kindern, die auch als ein Garant für die Zukunft angesehen worden waren, nicht (mehr) existiert, dass die Kinder einseitig die Beziehung aufgekündigt haben, dass sie nicht die Absicht haben, sich zu kümmern und Verantwortung zu übernehmen. Das Hoffen auf Hilfe im Alter, auf das Eingebettetsein in der Familie muss aufgegeben werden – manchmal durch schleichende Erkenntnis, manchmal durch einen herben Schnitt von Seiten der Kinder. Die Trennung wird erlebt wie die Vertreibung aus dem Paradies. Sie kann zur Ich-Katastrophe führen:

■ „Eine Krise setzt einen derart festgefahrenen Zustand voraus, dass ein Ausbruchsversuch, ein Ausweg, ein Sprung nur gewalttätig sein kann – in irgendeine Richtung. (…) Voraussetzung ist stets ein langfristig ungelöstes Lebensproblem, am häufigsten ein Partnerproblem im Erwachsenenalter. (…) Aufmerksamkeit und Energie werden zunehmend nicht in die Lösung des Problems, sondern in die Kontrolle seiner Angstsignale investiert – nicht selten über Alkohol, Medikamente, depressive, neurotische oder somatische Symptome. (…) Loslassen oder Wechsel des eingeschlagenen Weges (der Angstabwehr, der Problemlösemethode) ist nicht mehr möglich. Möglich ist nur noch, den eingeschlagenen Weg noch konsequenter weiterzugehen. Jeder Schritt bewirkt, (…) dass die Gefühlsspannung höher, ambivalenter, totaler und diffus-allgemeiner wird. Irgendwann ist der nächste Schritt buchstäblich der letzte: so geht es nicht weiter, dieser Weg ist am Ende." (Dörner/Plog, 1984, S. 326f) ▨

Im Rahmen dieser Krisenentwicklung stellen Dörner/Plog die Fragen für den Betroffenen, wie es weitergehen kann:

„So oder anders?
Ich oder du?
Ich oder nichts?"

Aber haben alte Menschen noch Alternativen? Können sie sich noch *gegen* einen Menschen, der Probleme macht, entscheiden (oder gelangen sie dadurch vollends in die Isolation?), können sie sich *für* einen Menschen entscheiden, der nicht mehr will, und haben sie im Alter von 70, 80, 85 Jahren überhaupt noch die Chance, etwas Neues zu beginnen – wenn nicht mit dir, dann mit jemand anderem?

Mir will scheinen, dass, je älter der Mensch geworden ist, desto weniger Wahl- und damit Konflikt- und Krisenlösungsmöglichkeiten bestehen. Er kann in der Krise verharren oder er kann aus ihr ausbrechen in Richtung Tod. Deutlich wird diese wenig hoffnungsvolle Sicht durch das, was „Krise" eigentlich bedeutet:

Der Begriff kommt aus dem Lateinischen und meinte ursprünglich: Entscheidungssituationen, Wendepunkt, Höhepunkt einer Entwicklung. Dass Entscheidungen nur dort möglich sind, wo noch Leben ist, wo sich etwas entwickelt, verändert und bewegt, wird selten bedacht. Wo alles starr, rigide, „ruhig" und unbeweglich geworden ist, ist die „Gefahr" einer Krise i.e.S. ebenso gering wie die Chance einer Weiterentwicklung. (Hierin ist die Begründung dafür zu finden, dass Patienten mit fortgeschrittener Demenz selten Selbstmord begehen. Für diese Entscheidung bzw. Entwicklung hin zu einer Entscheidung sind sie bereits zu „starr".) Eine durchstandene Krise gibt Raum für einen neuen Lebensabschnitt, für andere, befriedigendere Neuarrangements der Gegenwart und der Zukunft.

Gibt es für den Alten (schwerbehindert, einsam, chronisch schmerzgeplagt, eingeengt ...) noch Neuarrangements für die Gegenwart und die Zukunft? Falls in Ansätzen diese Frage bejaht wird, dann benötigt der alte Mensch dafür intensive und systematische Hilfe von Außen ... und die Erkenntnis, dass alle Entwicklungsschritte nur noch klein sein werden.

Eine Krise verlangt vom Betroffenen die Bereitschaft, neue Verhaltensweisen auszuprobieren, wobei das „Lernen nach Versuch und Irrtum" die am häufigsten angewandte Art ist, herauszufinden, welcher Weg beschritten werden kann.

Ob alte Menschen dazu noch in der Lage sind, ist von vielen Faktoren abhängig:

1. Von sozialen Kontakten und dem „signifikanten Anderen": Steht jemand bereit, einzuspringen? Gibt es einen aufmerksamen Zuhörer? Kommt dem Betreffenden Empathie entgegen? Wird die nötige Geduld aufgebracht?

2. Von Vorerfahrungen: Wann habe ich welche Krise wie bewältigt? Wie ist es mir dabei ergangen? Wer hat mir dabei geholfen – oder wer hat sich mir versagt? Wie habe ich nach der Krise weiterleben können?

3. Vom Ausmaß der „erlernten Hilflosigkeit": Kann ich überhaupt etwas (für mich) tun? Kann ich etwas bewirken? Sind nicht alle Kräfte stärker als ich, weil ich so schwach bin?

Krisenbewältigung ist auch immer abhängig vom Alter. Krisen haben zwar keinen Trainingseffekt, doch wächst mit zunehmendem Lebensalter die Erfahrung, die Gewissheit, dass sie vorübergehen. Junge Menschen, die noch keine Vorerfahrungen haben, scheinen mir am gefährdetsten. Für sie geht die Welt unter beim Verlust ihrer ersten festen Freundschaft, beim ersten blamablen Versagen in einer Leistungssituation. Sie haben Vorerfahrungen weder im Guten („Es geht vorüber") noch im schlechten Sinne: Das war nicht die einzige Trennung, nicht das einzige Versagen, nicht der einzige „Weltuntergang" – da folgen noch viele. Aber alle sind überlebbar!

Für den alten Menschen stellt sich u.U. an diesem Punkt die Frage: Wozu/Für wen diese Krise überleben? Lohnt es noch? Krisen, die in den Selbstmord führen, sind fast immer *Konfliktkrisen* – in allen Altersstufen! Bei alten Menschen ist ein anderer Krisentyp aber möglicherweise entscheidungsleitender: die *Identitätskrise*! „Wer bin ich noch?" ... auch im Zusammenhang mit Konflikten innerhalb enger persönlicher Bindungen: „Wer bin ich noch für meine Kinder, die mich jetzt abschieben wollen, die mich nicht versorgen wollen, die nie Zeit für mich haben ...?"

Identitätskrisen entstehen auch dort, wo ein alter Mensch gegen seinen Willen räumlich verpflanzt wird. Wer bin ich noch im Heim zwischen 80 oder 300 anderen Alten? Wer weiß etwas von mir? Welche Rolle wird mir zugedacht, welche Position nehme ich ein? Wie werde ich gesehen und behandelt werden (Fremdbild)? Wird es mir gelingen, mein Ich heil über die Zeit der Fremdunterbringung zu retten? Werde ich gefragt werden? Darf ich Wünsche äußern, die mir erfüllt werden? Wie wird auf meine Kritik reagiert werden? Wird sie ernst genommen und hat Verbesserungen zur Folge oder wird durch sie alles nur noch schlimmer?

In diesem Zusammenhang sei darauf hingewiesen, dass laut Pflegebericht 2007 für 10 – 40 % der zu Pflegenden massive Einschränkungen, mangelhafte Versorgung und gefährdende Situationen zu konstatieren waren, dass aber dennoch über 90 % aller Pflegebedürftigen und deren Angehörige sich als „zufrieden" mit den Zuständen äußerten (vgl. Kap. „Lieber tot als ins Heim").

Für mich sind diese Diskrepanzen der Ausdruck von blanker Furcht um sich selbst bzw. um den alten Angehörigen. Wer hungert, durstet, wund gelegen ist und gegen seinen Willen angeschnallt wurde, ist nicht „zufrieden", sondern befürchtet noch schlimmere Zustände und dazu ggf. Strafen für das „Petzen" von Dingen, für die es nie Zeugen geben und deren Benennung im besten Fall zur „Ruhigstellung" führen werden. Außerdem: Wer glaubt schon einer 80-Jährigen, die gelegentlich verwirrt ist?

Bei diesen Themen geht es um das Selbst, um die Infragestellung der eigenen Person, um die Demontierung des Seins und um die

Vernichtung einer Identität, die über viele Jahrzehnte den Anforderungen des Lebens standhielt.

Bei alten Menschen in bedrängten und bedrängenden Situationen ist die *Identitätskrise* sehr viel stärker suizidauslösend als die *Konfliktkrise*. Treffen beide zusammen, gibt es für den alten Menschen tatsächlich keinen anderen Ausweg mehr, als „zu gehen". Er ist jeglichen Schutzes beraubt, und selbst hat er keine Kraft mehr – und er weiß (im Gegensatz zu Jüngeren): Es wird kaum noch besser werden!

Wie sehr man beim Thema Krisen das „Alter" differenzieren muss, zeigt der folgende „Fall". Frau S. war erst Mitte 60, als sie im Zusammenhang mit dem Übergang von der Berufstätigkeit ins Rentnerdasein langsam in eine suizidale Krise abglitt. Ihr relativ „junges" Alter, der Impuls von außen, der zunächst als bedrohlich erlebt wurde, und ihre finanziellen Mittel ließen sie eine befriedigende Lösung finden.

Aus der Lethargie gerissen

Mit Frau G. verbindet mich eine jahrzehntelange vertraute Beziehung, obwohl wir uns selten sehen und ebenso selten telefonieren. Sie wohnt rund 900 km entfernt, und sie ist so schwerhörig, dass Telefonate besonders anstrengend sind.

Die ersten intensiven Gesprächskontakte hatten wir nach ihrer Verrentung. Damals wartete sie auf den Tod, wie sie selbst angab, und war suizidgefährdet.

Frau G. kam nach dem Krieg als junge Frau in eine kleine bayerische Stadt. Sie war völlig auf sich gestellt. Von ihrer Familie wusste sie nichts – nicht einmal, ob noch jemand lebte. Ein Rechtsanwalt bot ihr die Möglichkeit, bei ihm eine Bürolehre zu machen. Sie blieb bei ihm, machte Karriere, wurde seine Büroleiterin und befehligte am Ende 22 Frauen. Der Chef hatte eine große Gemeinschaftskanzlei aufgebaut, war sehr erfolgreich – und sie war seine Geliebte über mehrere Jahrzehnte. Ihr Leben war bunt und turbulent. Die Kanzlei war ihre Familie: Vater, Mutter, viele Kinder. Sie arbeitete 60 Stunden pro Woche, auch samstags, und in ihrer Freizeit war sie mit ihrem Chef zusammen, der sie großzügig aushielt und beschenkte.

Seine Ehefrau wusste von der Beziehung und duldete sie stillschweigend. „Die hat ihm zwei Söhne geschenkt und dachte, damit hat sie ihre Ehepflichten erfüllt", erzählte sie öfter und fügte stets selbstzufrieden hinzu: „Mir soll's recht sein. So brauchen wir uns wenigstens nicht zu verstecken."

Auch ihren Jahresurlaub verbrachte sie mit ihrem Chef auf ausgedehnten Reisen. Ihr Leben war voll und rund, und es fehlte ihr an nichts. Bis sie verrentet wurde. „Ich hätte noch jahrelang weiterarbeiten können", sagte sie. „65 ist doch eine idiotische Grenze! Es lief alles glatt, wir waren ein über Jahrzehnte eingespieltes Team, von dem die ganze Kanzlei und die Mandanten profitierten. Wir hatten Kunden, die ebenfalls seit Jahrzehnten kamen. Für mich hätte es immer so weitergehen können – bis ich eines Tages tot umgefallen wäre."

Aber es ging nicht. Sie wurde 65, und ihr Chef hatte angekündigt, zum gleichen Zeitpunkt wie sie zu gehen, weil er sich nicht mehr auf eine andere Mitarbeiterin einstellen wollte. Außerdem war er 70 und seine Frau drängte auf einen ruhigen Lebensabend mit ihm gemeinsam.

„Ich hatte mir nie die geringsten Gedanken gemacht, was danach kommen würde. Ich kannte doch gar kein anderes Leben. Ich hatte diese Stellung und diesen Chef und in der Freizeit diesen Geliebten – alles aus einer Hand. Ich habe zeitlebens nicht so etwas wie ein Hobby gehabt. Dafür hatte ich gar keine Zeit. Ich brauchte auch nichts. Mein Leben war wie aus einem Guss!"

Aber dann kam nach einer Riesenabschiedsfeier das große Erwachen: Sie saß in ihrer Wohnung, die sie jahrzehntelang nur zum Schlafen genutzt hatte, und fiel in das große schwarze Loch. Sie merkte, dass sie keine Freunde hatte. Sie rief ab und zu unter einem Vorwand in der Kanzlei an und spürte, dass sie nicht mehr dazugehörte. Die Telefonate wurden immer kürzer. Mit ihrem Geliebten traf sie sich noch einige wenige Male, bis er ihr mitteilte, dass sich seine Frau durchgesetzt habe: Sie zogen zu einem der Söhne in 200 km Entfernung. „Jetzt bin ich mal dran", habe sie gesagt, und er konnte sich nach diesem Lebenswandel ihren Wünschen nicht verschließen.

„Für mich ging das Licht aus", erzählte sie mir damals. „Mein Leben war zu Ende und ich dachte von morgens bis abends nichts anderes als: Wie lange muss ich noch auf den Tod warten?"

Frau G. bekam schwere Depressionen. Ihr Hausarzt versorgte sie umfangreich mit Antidepressiva, die sie am Leben hielten – mehr aber nicht. Sie schaffte es über Jahre nicht, ihren Alltag zu gestalten. Als sie ernsthaft über Selbstmord nachdachte (sie hatte ausreichend Medikamente gehortet), war sie 68 Jahre alt – und da geschah etwas, was sie aus ihrer Lethargie riss. Ihr Hauswirt kündigte eine umfassende Renovierung aller 14 Wohnungen an und plante 6–8 Monate dafür ein: neue Fenster, Türen, Fußböden, ein Fahrstuhl, neue Heizungen, neue Bäder, Einreißen von Zwischenwänden, die in der Nachkriegszeit hochgezogen worden waren, Anbau von Balkonen ... Gleichzeitig gab er bekannt, dass die Mieten anschließend dem neuen Standard angepasst würden.

Frau G. wachte auf. Sie malte sich aus, dass sie fast ein Jahr lang auf einer Baustelle mit Staub, Schmutz, Zugluft und fremden Männern würde leben müssen – und das wollte sie sich nicht zumuten. Auch die Mieterhöhung schreckte sie und sie sah nach Jahren der Starre endlich die Möglichkeit, doch noch etwas in ihrem Leben zu bewegen. Sie zog in eine kleine Wohnung in ein neu erbautes Seniorenstift, zahlte fast ihre gesamten Ersparnisse ein, um auf Dauer eine geringere Mietlast zu haben, und lebte erstmals in ihrem Leben mitten unter Menschen.

An ihrem 80. Geburtstag sprachen wir über ihr Leben. Sie erzählte, dass sie ihre Depressionen nie überwunden habe – sie seien durch das tägliche Gemeinschaftswohnen nur zugedeckt worden. „Manchmal ist es mir zu viel. Ständig klingelt jemand. Sie sind alle sehr nett und wir kommen gut miteinander aus, aber manche alte Frauen sind so hektisch. Ständig wollen sie sich mit mir beraten und austauschen, bis hin zur Auswahl ihres Fernsehprogramms. – Mein Leben ist nicht schlecht, ich kann mich nicht beklagen, ich habe alles. Aber weißt du was? Ich bin hier im Bayerischen nie heimisch geworden. Ich verstehe inzwischen ihre Sprache, aber ich spreche sie nicht. Ich mag sie nicht. Und ich gehöre hier nicht her!"

Ich frage sie vorsichtig nach ihren früheren Selbstmordgedanken. Sie überlegt lange und sagt dann: „Ja, ich hätte es gemacht. Ich hatte nichts mehr vom Leben. Ich hätte mein Alter planen müssen, aber durch die Kanzlei und den Mann blieb ich jung. An Alter hatte ich nie gedacht. Das war mein Fehler. Hier im Stift ..." – sie überlegt lange – „nein, hier war ich oft nur sehr traurig. Ich hatte Heimweh nach zu Hause, ich habe auch oft geweint. Aber ich habe mich gefügt. Die Menschen um mich – das ist so ein bisschen wie damals in der Kanzlei. Aber an den Tod denke ich oft. Sie sind ja alle schon tot, meine Geschwister, meine Freundinnen. Ich bin übrig geblieben. Das macht mich so einsam."

Selbstmordversuche bei alten Menschen

Alle diejenigen, die sich mit Selbstmord bei Alten beschäftigen, sind sich einig darüber, dass es bei ihnen wesentlich mehr vollendete Selbstmorde als Selbstmordversuche gibt, während es bei jüngeren Menschen umgekehrt ist und bei ganz jungen (15–30 Jahre) die Selbstmordversuche bei weitem überwiegen. Bislang fand diese Tatsache so gut wie keine Deutung. Es ging über die reine Feststellung nicht hinaus.

Ich stelle im Folgenden zusammen, was das Selbstmordverhalten alter Menschen (im Gegensatz zu jüngeren) kennzeichnet:

1. Alte Menschen, die wirklich sterben wollen, werden öfter „harte" Methoden bevorzugen, bei denen es kein Zurück gibt.

2. Sie werden sich zu „weichen" Methoden vorher kundig machen bzw. horten sie so viele Gifte, dass es nach ihrer Meinung „reichen" wird – ggf. verstärken sie wissentlich die Wirkung durch zusätzliche Alkoholeinnahme.

3. Es wird immer wieder angegeben, dass alte Menschen vor ihrem Selbstmord keine oder kaum Selbstmordversuche unter-

nommen hätten. Das mag sein, ist für Außenstehende post mortem jedoch gar nicht festzustellen. Sollte es jedoch den Tatsachen entsprechen, kann davon ausgegangen werden, dass alte Menschen nicht mehr den Umweg über Appell, Hilferuf oder Erpressung nehmen. Wer sich in Einsamkeit, Krankheit und Verzweiflung mit 70 oder 80 Jahren selbst tötet, hat längst die bittere Erfahrung gemacht, dass ihm niemand zur Hilfe kommt und niemand sich in angemessener oder gewünschter Weise kümmert (vgl. dazu Exkurs: „Der signifikante Andere").

4. Im Sinne der Lerntheorie (vgl. Kap. „Warum?") haben Menschen in diesem Alter *gelernt*, wie sie (noch) etwas erreichen können bzw. was bei ihrer Umwelt keine Wirkung (mehr) zeigt.

▨ Der amerikanische Soziologe Jerry Jacobs hat in einer sehr differenzierten Studie über den Jugendselbstmord nachgewiesen, welche „Störungen" und Symptome Jugendliche produzierten und welche Appelle sie an ihre Eltern und andere richteten, wenn es ihnen schlecht ging. Wenn sie daraufhin stets Ablehnungen und Strafen kassierten und die Emotionen sich nach und nach aufschaukelten, begingen die Jugendlichen irgendwann einen Selbstmordversuch. Ausnahmslos bekamen sie daraufhin von den erschreckten Erwachsenen alles, was sie brauchten: Zuwendung, Aufmerksamkeit, Zeit, Hilfe ... Sie hatten also „durch Versuch und Irrtum" (trial and error) gelernt, wie sie sich in Zukunft verhalten müssen, wenn sie etwas erreichen wollen! ▨

5. Eine entsprechende Studie über das suizidale Verhalten alter Menschen ist mir nicht bekannt. Es kann aber davon ausgegangen werden, dass sie in diesem Alter ihre Möglichkeiten ausgeschöpft haben und wissen, dass Appelle oder Erpressung nichts mehr bewirken. Auch wenn sie über diese Erfahrungen nicht verfügen, können sie ihre desolate Lage realistisch einschätzen. Wäre jemand so interessiert an ihnen, dass er sich aufrütteln ließe, wären sie vermutlich nicht in einer existenziell bedrohlichen Situation.

6. Wer mehrfach (lebenslang?) Erfahrungen als Selbstmordpatient bei Ärzten oder in Krankenhäusern gemacht hat, weiß, dass er als alter Mensch eher noch schlechter und abfälliger behandelt wird. Er kennt den Ausspruch: „Da nehmen wir jetzt mal einen extra dicken Schlauch!" (Magenauspumpen). Er weiß, dass er „nur unnötig Arbeit macht", dass er „es das nächste Mal doch gleich richtig machen soll" und dass – wenn er als Selbstmordpatient schon bekannt ist – er die Unterbringung in der Psychiatrie riskiert, aus der es u. U. kein Entkommen mehr gibt – oder er allenfalls in ein Pflegeheim eingewiesen wird (vgl. Kap. „Diagnostik").

7. Der letztgenannte Grund für mehr Selbstmorde als Selbstmordversuche bei Alten mag auch im rein Physiologischen liegen. Bei alten und geschwächten Körpern mit eingeschränkten Funktionen wird eine bis dato nicht tödlich wirkende Dosis plötzlich dem Leben ein Ende setzen – auch wenn das vielleicht nicht geplant gewesen sein sollte.

Ohne Spott kann man sagen: Für alte Menschen ist der Selbstmordversuch keine Problemlösung mehr. Findet er keine andere, kommt nur noch der Selbstmord in Frage.

Zur Illustration: Methoden, sich selbst zu töten

„Weiche" Methoden	*„Harte" Methoden*
Gase diverser Art	Erhängen
Medikamentenintoxikation	Erschießen
Pflanzenschutzmittel	Ertränken
Ätzgifte und Lösungsmittel	Ersticken
Alkohol in Verbindung	Sturz aus großer Höhe
mit Medikamenten	Durch elektrischen Strom
Verhungern	Öffnen von Adern/Verbluten
	Überfahren lassen
	Selbstverbrennung

Die Verfügbarkeit der Mittel

„Wir möchten daran erinnern, dass die Krankenver-
sicherung wohl oder übel den Selbstmord weitgehend
finanziert. Nach herkömmlicher Schätzung sind drei
Viertel aller Versuche Medikamentenvergiftungen.
Das erstaunt nicht; dank den Ärzten quellen die meisten
Hausapotheken über von Psychopharmaka aller Art.
Die Krankenkasse setzt sich aktiv für den Heimselbstmord
ein."

(Buch X, S. 83)

In Polizeikreisen heißt es: „Wo eine Waffe vorhanden ist, wird sie
über kurz oder lang auch benützt." Gemeint ist hier eher die
Fremdtötung! Der Satz gilt gleichermaßen aber für die Selbsttötung. Bei Kinder- und Jugendselbstmorden sind öfter tragische
„Unglücke" zu beklagen, wenn Vaters Waffenschrank nicht ausreichend gesichert ist und die jungen Menschen mit schlechtem
Zeugnis oder plötzlichem Liebeskummer nach Hause kommen
und spontan zum Mittel der Problemlösung greifen: zu Pistole
oder Gewehr.

Waffenbesitzer töten sich, wenn sie Selbstmord begehen wollen, mit ihrer Waffe. Menschen, die keine „Feuer"-Waffe besitzen, wenden andere Waffen gegen sich: die Waffen der Pharma-
firmen. Medikamente sind – insbesondere für Frauen – noch
immer das Mittel der Wahl. Männer und alte Frauen bevorzugen
jedoch mit zunehmendem Alter mehr und mehr „harte" Methoden, die „todsicher" sind und von denen, einmal eingeleitet, es
kein Zurück mehr gibt.

Menschen, die sich entschließen, sich sanft zu töten („einschla-
fen und nicht mehr aufwachen"), müssen zahlreiche Apotheken
bemühen – in der Hoffnung, die vermeintlich ausreichende Menge eines tödlich wirkenden Mittels zusammenzubekommen. Dieses Verhalten setzt rationale Planung voraus und ist nicht Ausdruck plötzlicher Verzweiflung.

Viele alte Menschen – insbesondere Frauen – haben es jedoch
einfacher: Sie haben daheim ein erschreckendes Arsenal von

Medikamenten, die ihnen von allen möglichen Ärzten in bester Absicht, aber ohne Abstimmung verschrieben wurden.

Wenn ich bei Suizidpatienten Hausbesuche machte, ließ ich mir stets die Arzneibestände zeigen. Sie wurden mir ausnahmslos mit Stolz (!) präsentiert. Die Patienten waren bestausgestattet für alle Eventualitäten des Lebens, und die meisten Sammlungen hätten jeweils für 2–3 Selbstmorde ausgereicht. Ein Extrem erlebte ich bei einer älteren Frau, die wegen Arzneimittelvergiftung in suizidaler Absicht gerade aus der Klinik entlassen worden war. Ihr Küchenhängeschrank mit drei Schiebetüren war fein säuberlich sortiert und von unten bis oben gefüllt. Mit diesem Inhalt hätte sie eine ganze Altenheimstation vom Leben zum Tode befördern können!

Seit der Krankenkassenreform und der Zuzahlungspflicht scheint sich die Lage an der Medikamentenfront nicht entschärft zu haben – wie eigentlich zu erwarten gewesen wäre. Auch verantwortungslose Arztpraktiken tragen zur Gefährdung bei. So erzählte eine 68-jährige Frau, die einen Psychiater aufsuchte, weil sie wegen familiärer Konflikte massive Schlafstörungen hatte, dass dieser ihr eine 50er-Packung eines Psychopharmakons aufgeschrieben habe. Als sie ihre Probleme schilderte, fand er diese nicht bedeutungsschwer und sagte ihr dieses auch deutlich. Als sie sich sehr betreten zum Gehen wandte, rief er ihr hinterher: „Mit diesen 50 können Sie sich umbringen. Soll ich ihnen lieber eine kleinere Packung aufschreiben?" Sie lehnte ab.

Sich mit Medikamenten zu töten erfordert entweder eine gute Sachkenntnis oder einen fachgerechten Hinweis oder ein Lernen nach Versuch und Irrtum. Dass teilweise sehr hohe Mengen nötig sind, findet sich in Selbstmordratgebern zu lesen (das Buch X) – ebenso wie der Hinweis, dass gelegentlich massive Folgeschäden auftreten, wenn das Mittel oder die Kombination nicht tödlich waren.

Die Berliner „Kammerstudie" weist darauf hin, dass Alkoholmissbrauch und -abhängigkeit im Alter zurückgehen. „Im Alter nimmt aber die Einnahme von Benzodiazepinen deutlich zu (...). Es muss hierbei von einem ernst zu nehmenden Problemfeld ausgegangen werden" (Görgen/Engler 2005, S. 9).

Die Hausärzte scheinen von diesem Problem nichts zu merken ... oder ignorieren sie es, weil sie glauben, den Altersproblemen nichts anderes entgegensetzen zu können? Alte, Einsame und Süchtige gehören zu den „high-risk-groups". Wer permanent mit entsprechenden Substanzen umgeht, hat bereits ein vertrautes Verhältnis zu seinem Selbstmordmittel – und er hat es dank Verschreibungsgewohnheiten und Vorratshaltung stets griffbereit: die Waffe im Haus gegen sich selbst – ob im Küchenschrank oder im Waffenschrank!

Welche „harten" Mittel „todsicher" sind (oder auch nicht), kann der Interessierte den Massenmedien entnehmen. Selbstmord ist nicht nur kein Tabu, sondern ein Dauerthema für manche Medien. Kriminalfilme zeigen in hoher Anzahl zusätzlich zu Mord und Totschlag auch Selbstmorde, Selbstmordversuche und Selbstmorddrohungen. Per Bild kann der Zuschauer sich kundig machen, „was wirkt". Eine große Tageszeitung beschreibt Selbstmorde stets in aller Ausführlichkeit – und der Leser erfährt auf diese Weise, wo sich in seiner Nähe ein Gebäude befindet, von dem zu springen es sich „lohnt" – oder wo ggf. die Gefahr besteht, dass es nicht ausreicht. So gibt es in vielen Städten ganz spezifische Selbstmördergebäude, deren Tödlichkeit über die Jahrzehnte in den Medien tradiert wird. Dasselbe gilt für Kfz-Geschwindigkeiten bei Selbstmord an Brückenpfeilern oder durch sog. Geisterfahrten.

Das „todsichere" Mittel und der „todsichere" Ort werden als Information frei Haus geliefert – und diese Meldungen können über den „Tipp" als solchen durch die Dauerberichterstattung auch noch die Hemmschwelle für die eigene Selbstvernichtung herabsetzen.

Zur Illustration: Selbstmordgefährdung

Statistisch ergeben sich aus Lebensdaten unterschiedliche Gefährdungsgrade.

Menschen mit einem *niedrigen Risiko:*

sind weiblich,
jung,
verheiratet,
haben mehrere Kinder,
leben im ländlichen Bereich,
haben eine starke religiöse Bindung
   (nicht identisch mit Religionszugehörigkeit),
gehören den unteren Sozialschichten an,
sind psychisch und physisch gesund und
führen ein aktives Leben.

Menschen mit einem *hohen Risiko:*

sind männlich,
zunehmend älter,
alleinstehend: verwitwet/geschieden/ledig,
kinderlos,
haben einen höheren Lebensstandard,
haben eine „broken home"-Vergangenheit,
sind psychisch krank/verhaltensgestört und
führen ein passives/resignatives Leben
   (arbeitslos, in Rente, ohne Interessen ...).

Wer ist selbstmordgefährdet? – Zur Diagnostik

Für alte Menschen gibt es keine anderen diagnostischen Verfahren als für die jüngeren Generationen. Dennoch wird man aufgrund einiger Merkmale deutlichere Aussagen zur Selbstmordgefährdung bei ihnen machen können – wenn man sich mit ihnen befasst und diese Thematik ins Blickfeld nimmt.

Die Diagnostik kann im Prinzip auf vier Ebenen vorgenommen werden, die miteinander gekoppelt werden müssen:

1. Das Individuum gehört einer bestimmten Subpopulation an, bei der die Selbstmordrate generell höher ist als im Durchschnitt der Bevölkerung. Solche Gruppen werden als „high-risk-groups" bezeichnet und beziehen sich auf
   Alte,
   Depressive,
   Alkoholiker,
   Drogensüchtige,
   Flüchtlinge,
   Studenten,
   Gefangene.

   Diese Zusammenstellung mutet willkürlich an. Es sind jedoch Bevölkerungsgruppen, die in sich eine höhere Gefährdung aufweisen aufgrund mangelnder Verwurzelung (Entwurzelung) und relativer Isolation. Wenn Menschen zwei oder drei dieser Gefährdungsgruppen angehören, potenziert sich ihre Gefährdung. Das bedeutet, dass der alte Mensch, der depressiv ist und dem Alkohol zuneigt, extrem gefährdet ist.

2. Jedes Individuum in jedem Alter muss als prinzipiell selbstmordgefährdet betrachtet werden, wenn es sich in einer Krisensituation befindet. Bei alten Menschen haben Krisen eine andere Bedeutung, weil die Alternativen de facto weniger geworden sind. Treffen die zwei wesentlichen Krisentypen (Konflikt- und Identitätskrise) aufeinander, ist die Selbstmordgefährdung sehr hoch (vgl. Kap. „Altersselbstmord als Ausdruck einer Krise?").

3. Der Primat der Persönlichkeit steht im Mittelpunkt. Über Fragebogen und projektive Tests kann die individuelle und aktuelle Disposition zu (akuten) Selbstmordgefährdungen ermittelt werden. Einschränkend muss man dazu sagen,

   a) dass sich derartige Tests vermeiden lassen, wenn man den Gefährdeten gut kennt,

b) dass i. d. R. ein Anlass gegeben sein müsste, um derartige Tests durchzuführen (vgl. dazu Punkt 4.), und

c) dass sie zwar eine Aussage über das prinzipielle Ausmaß der Gefährdung machen, dass dieses jedoch trotz höchster Zahlenwerte über Jahre erhalten bleiben kann, ohne dass „etwas geschieht".

Zu den Tests und Fragenkatalogen gehört auch immer die Frage nach vorausgegangenen, früheren Selbstmordversuchen – egal wann. Wer einen oder mehrere in seiner Biographie aufzuweisen hat, ist *immer* stärker gefährdet als derjenige ohne Selbstmordversuch. Um dieses festzustellen, bedarf es jedoch keiner Testverfahren.

Gleichzeitig muss die andersgeartete Persönlichkeit des alten Menschen bedacht werden: Er ist u. U. konsequenter, härter gegen sich, starrer und unflexibler in seinen einmal getroffen Entscheidungen – zumal, wenn er zu den Hochaltrigen gehört und für sich keine Wende zum Positiven mehr erwartet.

4. Die „einfachste" Diagnose mit gleichzeitig dem deutlichsten Resultat ist die sog. Selbstselektion – der Betroffene bezeichnet sich selbst als gefährdet, kündet seinen Selbstmord an und trifft deutliche Vorbereitungen.

Bartens schildert in seinem „Ärztehasserbuch" allerdings eine Situation, die es nicht empfehlenswert erscheinen lässt, sich selbst zu outen – vor allem nicht, wenn man schon „untergebracht" ist oder eine „Unterbringung" droht:

… definitiv fehl am Platz …

■ Der alte Patient ist schwer krank. Ihm kann medizinisch nicht mehr geholfen werden. Er hat nur noch wenige Wochen zu leben. Er ist noch voll bei Verstand, wenn er nicht gerade Morphium bekommt. „Manchmal schrie der Mann, manchmal weinte er, manchmal flehte er die Ärzte an, ihn doch endlich sterben zu lassen. (…) Einmal sagte er zum Arzt: ‚Wenn ihr es nicht macht, bringe ich mich um.' (…) Das war das Stichwort für den Arzt. Der Patient hatte gesprochen, alle hatten es gehört. Akute Suizidgefahr, das eröffnete einen Ausweg, den Patienten loszuwerden. (...) Der Patient wurde in die Psychiatrie verlegt, als er mal wieder unter Morphium stand und nichts mitbekam. (...) Dort war er definitiv fehl am Platz. (...) Seine Schmerzen wurden nicht richtig behandelt, er schrie und weinte. Es dauerte noch ein paar Wochen, dann starb er." (Bartens 2007, S. 102 f) ▨

Befindet sich ein alter, depressiver Mensch also in einer Krise (Verlust durch Tod, Trennung, schwere Erkrankung, plötzliche Behinderung ...) und spricht darüber, dass er sich selbst töten wird, bedarf es keiner testpsychologischen Verfahren mehr, die allenfalls etwas über die „Höhe" der Gefährdung aussagen könnten, sondern nur des Zuhörens und Ernstnehmens.

Im direkten Zusammenleben mit Menschen lassen bestimmte Beobachtungen auf Selbstmordgefährdung schließen. Je geplanter ein Selbstmord ist (bei alten Menschen vermehrt und langfristiger als bei jungen), desto mehr Vorbereitungen werden getroffen. Selbstmordmittel werden beschafft (Besuch von Apotheken / Horten von Medikamenten), allerdings wird versucht, dieses Tun geheim zu halten. Wenn eine Waffe besorgt wird, ist Gefahr im Verzuge. Weitere Anzeichen können sein: Beschäftigung mit Selbstmordliteratur, ggf. mit den Anbietern von „assistiertem Selbstmord" („Dignitas" und „Exit" in der Schweiz, „Dignitate" in Deutschland) und der entsprechenden Internetrecherche.

Was bei jungen Menschen ein deutliches Warnsignal ist, wird bei alten oft übersehen, fehlinterpretiert oder die Begründung des Betreffenden wird geglaubt: Es ist das ganz besondere Aufräumen, Aussortieren, Wegwerfen, Fortschenken – auch von Dingen, an denen der Mensch zeitlebens hing. Bei alten Menschen kann die Deutung altersentsprechend sein: Er bereitet langsam sein Ende vor. „Er bestellt sein Haus." Er will die Erben nicht mit zu viel Ballast verärgern, und er will, dass besonders schöne Stücke an die geeigneten Personen gelangen.

Im Diskurs „Suizid im Alter" auf WDR 3 vom 13.11.2007 wird ein Selbstmord-„Fall" aus dem Institut für Rechtsmedizin Berlin zitiert:

Im Nachhinein auffällig …

▨ „Der 81 Jahre alt gewordene F. P. wurde leblos in gekrümmter Bauchlage in der Badewanne (…) aufgefunden. Er hinterließ einen Abschiedsbrief an seine Kinder, in dem er schrieb: ‚Ich habe heute Nacht versucht, mich aus dem Leben davonzuschleichen …‘ Er schildert die mehrfachen Versuche, die zunächst alle fehlschlugen. Die Söhne des alten Mannes gaben an, dass ihr Vater erst kürzlich verwitwet sei, was ihn sehr erschüttert habe. Über Selbstmord habe er nie gesprochen. Im Nachhinein auffällig sei höchstens, dass der Vater in den letzten Wochen vieles aus der Wohnung geräumt bzw. aussortiert habe, mit der Begründung, dass das dann die Angehörigen nach seinem Tod nicht mehr machen bräuchten." ▨

Daraus diagnostisch eine Selbstmordgefährdung abzuleiten, ist sicher schwierig. Ein 81-jähriger Mann, der gerade einen Tod miterlebt hat, steht dem Gedanken an seinen eigenen Tod ganz selbstverständlich nahe! Und er wird seine Hinterlassenschaften ordnen wollen – und vermutlich auch noch diejenigen seiner gerade verstorbenen Frau.

Der Tod der Ehefrau, das hohe Alter, die Ablehnung, in eine seniorengerechte Wohnung zu ziehen, das Aufräumen … im Nachhinein sind die Selbstmordmerkmale auszumachen, in der Situation jedoch kann alles als „ganz normal" erklärt werden – vor allem, da dieser alte Mann alleine lebte. Im täglichen direkten Umgang wäre den Söhnen möglicherweise etwas aufgefallen.

Ohnehin hat das „Im-Nachhinein" in der Selbstmorddiagnostik einen besonderen Stellenwert. Wenn Menschen ihren Selbstmord „ankündigen" (und „im Nachhinein" sind es ca. 80 %!), sagen sie nicht unbedingt: „Ich bringe mich jetzt um." Sie wählen Ausdrücke, die zu unser aller Alltagssprache gehören und die nicht jedes Mal eine Selbstmordgefährdung bedeuten (müssen): „Ich kann nicht mehr", „Ich schaffe es nicht mehr", „Am liebsten würde ich alles hinschmeißen …/abhauen", „Dieses Leben finde ich beschissen", „Ich würde lieber heut' als morgen gehen" und Ähnliches. Jeder hat in Belastungs- und Krisenzeiten schon diese Aussprüche getan, ohne sich Ernsthaftes dabei zu denken. Erst „im Nachhinein" erhalten sie ihre besondere Bedeutung und haben auf die personale Umwelt oft eine schockierende Wirkung in der Erkenntnis der „Ankündigung".

Eine Selbstmord-„Diagnose" zu stellen ist nach allen Ausführungen etwas anderes als die Diagnose einer Körpererkrankung. Sie setzt außer Wissen um Altersdepression und -selbstmord einen guten Kontakt, ein empathisches Gefühl und eine ganz prinzipielle Bereitschaft voraus, sich mit dem Leben dieses alten Menschen näher zu befassen, bei und mit ihm zu sein, sich auszutauschen, sich gegenseitig Gutes zu tun, das Leben zu teilen.

Aber schon an diesem Punkt wird deutlich, wo das Problem des Altersselbstmordes wirklich liegt: Wenn die o. g. Bedingungen erfüllt wären, würde das Gros der Alten keine Selbstmordgefährdung entwickeln. Und wenn es sie entwickelt hat, lagen eben diese Bedingungen nicht vor (mit sehr wenigen Ausnahmen wie schwerwiegender Diagnose oder Tod des Partners ...).

Exkurs: Über die Abschätzung der Ernsthaftigkeit von Selbstmordversuchen

In der klinischen Praxis wird die Ernsthaftigkeit der Selbsttötungsabsicht oft am Erscheinungsbild des physischen Zustandes nach der autoaggressiven Handlung abgeschätzt. Gleichzeitig werden Art, Zeitpunkt und Form der Ausführung des Selbstmordversuches betrachtet und die Todesabsicht daran gemessen, ob diese Methode überhaupt zum Tode hätte führen können. Die abschließende Klassifizierung erfolgt dann oft nach „ernsthaftem" oder „nur demonstrativem Selbstmordversuch" und hat Auswirkungen auf die Behandlung des Patienten.

Abgesehen von unbewussten oder ambivalenten Einstellungen, die der oberflächlichen Betrachtung anlässlich meist nur eines Arztgesprächs verborgen bleiben müssen, werden verschiedene Faktoren übersehen:

— Kannte der Suizident die tatsächliche Wirkung des Suizidmittels? (Nimmt ein Jugendlicher 15 Tabletten eines bestimmten Mittels, wird man sein Tun anders bewerten müssen, als wenn ein Arzt dieselbe Dosis nimmt.)
— Kannte er die potenzierende oder sich gegenseitig aufhebende Wirkung bestimmter Medikamenten-Kombinationen?
— Wusste er, dass ein bestimmtes Mittel in Kombination mit Alkohol unweigerlich zum Tode führen musste?
— Kannte er die Wirkungsdauer des Medikamentes und die individuelle Reaktion seines Organismus?
— Kannte insbesondere der alte Mensch die Wirkungen von Medikamenten auf seinen gealterten, geschwächten und vorgeschädigten Organismus? Selbst wenn er durch mehrfache (demonstrative?) Selbstmordversuche an eine bestimmte Dosis „gewöhnt" war, die nie zum Tode führte, könnte dieselbe Menge plötzlich tödlich sein, wenn eine Erkrankung vorausging oder der Körper gerade eine „vorbereitete".

(Das Buch X, das den Selbstmord verteidigt bis verherrlicht, beschreibt alle denkbaren „weichen" Selbstmordmittel in ihrer Letaldosis. Diese ist für manche beschriebenen Medikamente sehr hoch. Es wird bei manchen Mitteln auch angegeben, welche [Lebenszeit-]Folgen die Gifte haben, wenn sie in nicht ausreichender Dosis oder „falsch" kombiniert eingenommen wurden. Über dieses spezielle Wissen verfügen allenfalls Ärzte und Apotheker.)

Diese Fragen ergeben sich nur bei den sog. „weichen" Methoden (Gas, Gift, Medikamente …), während die meisten sog. „harten" Methoden ohnehin meist tödlich ausgehen, wenn sie erst einmal in die Wege geleitet wurden (Springen aus der Höhe, Erschießen, Überfahrenlassen …).

Bei „harten" Methoden, die gewählt wurden, um „todsicher" zu sterben, kann es aber auch zu einem unerwünschten Weiterleben unter denkbar schlechtesten und einschränkendsten Bedingungen kommen: Wenn der Schusskanal falsch angelegt war, wenn der Sprung zu einer Querschnittslähmung oder das Überrollenlassen zu vielfältigen inneren Verletzungen führen, die ein jahrelanges schweres Leiden nach sich ziehen.

Wesentlicher erscheint mir bei der Beurteilung des Sterbewillens das Wissen um Vorbereitungszeit und -intensität, sowie die Art der Anlage des autoaggressiven Handelns: Wurde längere Zeit vorher geplant, z. B. ein Selbstmordmittel langfristig besorgt oder gesammelt? Wo geschah der Versuch? Wer war anwesend, in der Nähe oder wurde kurze Zeit später erwartet? Ist zu folgern, dass ein frühzeitiges Auffinden eingeplant war?

Bei allen Versuchen der Abschätzung der vermeintlichen Ernsthaftigkeit müssen folgende Überlegungen im Mittelpunkt stehen:

1. Selbstmord ist zwar kein Tabu, wie es oft heißt; tabuisiert ist jedoch, dass einer *versucht*, sich zu töten. „Das tut man nicht!" Bei allem Verständnis, das in der *Fachliteratur* dem Selbstmordpatienten entgegengebracht wird, erlebt dieser die (klinische) Praxis in der Regel ganz anders. Ihm wird deutlich signalisiert, dass er unnötige Arbeit macht und das nächste Mal konsequenter in der Wahl der Mittel sein solle. Es ist keine bedauerliche Ausnahme, dass zum Magenauspumpen der „extra dicke Schlauch" ausgewählt und vor den Ohren des Patienten angekündigt wird, bevor man ihm diesen durch Mund und Speiseröhre schiebt. „Schnipplern" wird angedeutet, wie die Adern/Venen in den Handgelenken verlaufen und wie man schneiden muss, um zu verbluten.

   Das bedeutet, dass Menschen in der Situation unmittelbar nach Klinikeinlieferung oder Aufwachen mit der Abneigung gegen ihr Tun konfrontiert werden – und kurze Zeit danach nicht mehr willens oder in der Lage sind, darüber zu sprechen, ob sie wirklich sterben wollten. Niemand wird – nachdem er den Trubel mit Notarzt, Krankenwagen und Reanimierung ausgelöst hat – eingestehen, dass er nur „erpressen", dass er seinem Hilfeersuchen daheim endlich Nachdruck verleihen wollte oder einfach nur einmal eine Lebens-Pause brauchte („parasuizidale Pause"). Er wird möglicherweise „dramatisieren" („ich wollte sterben"), um den Aufwand, den er ausgelöst hat, zu rechtfertigen.

2. Wenn ein Selbstmord(versuch) äußerst spontan in einer heftigen Erregung unternommen wurde – ohne die geringste Planung, Überlegung und Folgenabschätzung –, ist der Patient im
Nachhinein nicht mehr in der Lage, sich an die konkret auslösende Situation zu erinnern – und eben auch nicht daran, wie
„ernst" es ihm mit dem Sterben evtl. gewesen sein könnte. Es
sind dieses oft die Patienten, die froh und dankbar sind, dass sie
„gerettet" wurden und noch leben.

3. Der wichtigste Aspekt bei einer Abschätzung, wie „ernst" es
dem Betreffenden wohl war, ist jedoch ein ganz anderer: Wer
zu suizidalen Verhaltensweisen greift – mit welcher Intention
auch immer –, hat eine Grenze überschritten. Er hat die (even-
tuelle) Selbsttötung in sein konfliktlösendes Verhaltensreper-
toire aufgenommen. Dieses Muster ist ab sofort präsent und
abrufbar.

Für die Selbstmorddiagnostik ist ein vorausgegangener
Selbstmordversuch einer der wichtigsten Hinweise auf weitere
Gefährdung. In Testverfahren zur Abschätzung der Suizidalität
wird diesem Merkmal ein hoher Punktewert zugemessen.

Exkurs Ende

Selbstmord als Lebenszeitthema

Wenn über den Selbstmord alter Menschen gesprochen wird,
müssen wir zusätzlich zu den hohen Belastungen des Altwerdens
und den suizidalen Reaktionen darauf (vgl. Kap. „Komponenten …") bedenken, dass der Altersselbstmord möglicherweise der
x-te Selbstmordversuch im Leben dieses Menschen ist, der diesmal „glückte" im Sinne von Sterben. Wer im Alter durch Selbstmord stirbt, kann ein Mensch sein, der im Laufe der Jahrzehnte
viele Male vom Selbstmord abgehalten oder in einem Selbstmordversuch gerettet wurde. „Irgendwann" – das wissen alle, die
zu diesem Thema praktisch arbeiten – „klappt es", ob gewollt
oder nicht. Irgendwann ist die Steigerung der Dosis doch zu hoch
– oder der Körper durch Krankheit geschwächt – oder der Medi-

kamenten-Mix wirkte verstärkend – oder der alte Organismus war den bisher folgenlos gebliebenen Mitteln nicht mehr gewachsen.

Es gibt Autoren, die die Behauptung aufstellen, dass alte Menschen sich bewusst und konsequent umbringen, ohne es zuvor zu „versuchen". Ich weiß nicht, aus welchen Erfahrungen/Quellen dieses Wissen stammt. Ich bezweifle auch, dass in der Recherche nach einem vollzogenen Suizid noch alte Selbstmordversuche aufgedeckt werden können – es sei denn, es handelt sich um einen dem Arzt oder der medizinischen Institution gut bekannten Patienten. Ohnehin wird post mortem in die Biographien von Selbstmördern vieles hineinprojiziert und -diagnostiziert, von dem man die Quellen nicht einmal zu vermuten vermag (vgl. auch Kap. „Depressionen …").

Nicht einmal Angehörige wissen immer von vorangegangenen Selbstmordversuchen. Zum Teil wurde der Versuch schamhaft vertuscht, zum Teil war er eine Antwort auf die Einsamkeit, in der es gar keinen anderen Menschen gab. Auch muss einbezogen werden, dass Angehörige über vorangegangene Versuche schweigen werden – schon um sich nicht den Fragen stellen zu müssen, wieso sie nichts unternommen haben. Dort, wo Angehörige vorhanden sind, werden sie sich nie ganz aus der Verantwortung stehlen können – selbst dann nicht, wenn sie sich selbst hilflos fühlten.

Im Folgenden schildere ich zwei „Fälle" einer lebenslangen Suizidalität in zwei sehr unterschiedlichen Ausformungen. In einem „Fall" war über Jahrzehnte der Tod gewollt, im anderen „Fall" war der „Selbstmord" Mittel zum Zweck geworden – und hätte nach Jahrzehnten unbeabsichtigt fast wirklich zum Tode geführt.

Lebenslange Gefährdung

„Für mich war Selbstmord eine Option, solange ich denken kann. Ich bin Jahrgang 1941. Als ich fünf wurde, hatte ich mehr durchgemacht als andere Leute mit 65. Meiner Familie ist nichts erspart geblieben. Vater in Kriegsgefangenschaft, Mutter mit uns drei Kindern auf der Flucht. Ein Kind hat sie auf der Flucht verloren, eines nach Kriegsende. Ich kann mich an nichts mehr erinnern, auch nicht an die Jahre, in denen die Erinnerung bei allen Menschen schon lange eingesetzt hat. Meine Mutter war nach all den Verlusten psychisch krank, war viel in Behandlung, auch mal in der Psychiatrie. Sie hat mehrmals versucht, sich umzubringen. Dann starb mein Vater an den Kriegsfolgen und ein paar Jahre später sie.

Ich habe Psychologie studiert – im eigenen Interesse. Aber das war mir damals nicht bewusst. Ich wollte immer nur helfen, helfen, helfen und war doch selbst so hilflos.

Mit 17 habe ich das erste Mal versucht, mich umzubringen. Da lebte meine Mutter noch. Es war furchtbar. Sie brach regelrecht zusammen. Sie dachte nur an sich. Heute weiß ich, dass sie ja nur noch mich hatte und ich sie am Leben erhielt. Ich war ihre Aufgabe, ihre einzige Daseinsberechtigung.

Meine Mutter litt schwer an Depressionen, aber sie kämpfte stark dagegen an. Sie war außerordentlich diszipliniert. Sie ließ sich nie gehen. Ihre Selbstdisziplin war wie ein Korsett, das sie zusammenhielt. Später hat sie nie mehr Hilfe angenommen. Sie sagte immer: Keiner kann mir meine Familie zurückgeben und weinen kann ich auch alleine.

Ich weiß nicht, ob sie je weinte. Ich habe es nie gesehen. Vielleicht sollte ich sie nicht schwach sehen. Vielleicht meinte sie, wenn sie die Starke spielt, hilft sie mir damit.

Ich war in meiner eigenen Seelenstruktur wie ein schwankendes Rohr im Wind. Meinen zweiten Selbstmordversuch machte ich mit 25. Da hatte mich mein Freund verlassen. Ich bin oft im Leben verlassen worden und jedes Mal war für mich das Leben vorbei. Als ich finanziell besser dastand, habe ich – wohl eher unbewusst – eine andere Fluchtmöglichkeit gefunden. Ich bin gereist. Ich bin einfach abgehauen, wenn etwas schiefging. Einmal habe ich dadurch meinen Job verloren. Ich bin mitten aus der Sprechstunde aufgestanden und abgehauen und habe niemandem etwas gesagt, mich auch nicht gemeldet. Nach zwei Wochen war ich wieder da und habe so getan, als ob nichts gewesen sei.

Es war damals nicht so schlimm. Psychologen wurden sehr gesucht und man konnte sich die Stellen noch aussuchen. Es

hat viele Jahre gedauert, bis ich wusste, ich nehme mich über-
allhin mit. Ich kann mir nicht entfliehen. Ich bin durch ganz
Europa gereist, und wenn ich irgendwo saß, dachte ich oft:
Was tue ich hier? Hier ist es doch auch nicht besser als zu
Hause.

Nach meinem dritten Versuch, mich umzubringen – ich war
Anfang 30 – bin ich zu einem Psychotherapeuten gegangen.
Das war scheußlich. Er war spöttisch, spielte ständig auf meinen Beruf an, sagte grinsend ‚na, Kollegin‘ und war vor allem
an meinem Sexualleben interessiert. Ich wollte ihm meine Not
klagen, von der ich so langsam ahnte, woher sie kam. Aber das
hat ihn nicht interessiert. Als ich nicht mitmachte, wie er wollte, hat er meiner Krankenkasse mitgeteilt, dass ich unüberwind-
liche Widerstände hätte. Daraufhin bekam ich kein Geld mehr
für Psychotherapie. Dabei hätten sie es doch besser wissen
müssen. Widerstände sind ein Teil jeder Therapie und nicht
ein Grund, diese zu verweigern.

Ich habe lange mit einem Mann zusammengelebt, der mich
ständig betrog. Er machte keinen Hehl daraus und fand es ganz
in Ordnung. Irgendwann schlug es bei ihm emotional ein. Er
packte seine Sachen und zog zu dieser Frau. Später wollte er
zurückkommen, aber das wollte ich nicht.

Beruflich war ich gut, privat bin ich ein Versager. Ich habe
mein Leben nicht in den Griff bekommen. Meine Klientinnen
haben mich verehrt und geliebt. Das hat mir selbst viel geholfen. So habe ich letztlich doch die richtige Berufswahl getroffen – dachte ich. Dann ging ich in den Ruhestand mit 62
und seitdem stehe ich auf dem Schlauch.

Mir ist völlig bewusst, was mit mir los ist, schließlich bin ich
vom Fach. Aber ich kann mir selbst nicht helfen. Ich komme
weder gegen meine lebenslänglichen Depressionen an, noch
schaffe ich es, meinem Leben einen Sinn zu geben. Ich habe zu
lange nach außen und von außen gelebt, und seit es kein Außen
mehr gibt, gibt es für mich auch kein Leben mehr.

Ich würde mich am liebsten auf den Weg machen und den
Lebenssinn für mich suchen. Ich versuche manchmal, mit Bekannten die Sinnfrage anzuschneiden, aber entweder kommen

fromme Sprüche oder gar nichts oder Abweisungen. Offenbar können viele Menschen ganz gut ohne Sinn leben.

Ich weiß, dass ich irgendwann im Selbstmord ende. Das schreckt mich nicht. Es ist nur eine Frage der Zeit. Irgendwann werde ich am Ende angekommen sein. Ich lebe mit dem Selbstmord nun schon seit 50 Jahren und davor war ich mit den Depressionen meiner Mutter permanent konfrontiert. Ich frage mich oft, wie es mir heute gehen würde, wenn ich eine Familie gegründet hätte. Aber ich habe nie den richtigen Mann gefunden, vor allem waren mehrere von ihnen verheiratet und hätten sich nie scheiden lassen. So um die 30 herum habe ich viel über ein Kind nachgedacht. Aber ich fühlte mich zu kaputt. Ich wollte keinem Kind eine solche Mutter zumuten. Ich glaube heute, dass es die richtige Entscheidung war. Vielleicht hätte ein Kind *mir* gutgetan, aber nicht ich dem Kind.

Mein Leben ist nicht verpfuscht oder vertan. Ich habe meine Aufgaben erfüllt und war für viele Frauen und ihre Familien über Jahrzehnte eine große Hilfe. Darauf bin ich stolz. Aber für mich selbst? Ich bin in meiner Kindheit auf die falsche Spur gesetzt worden und habe den Spurwechsel nicht geschafft. Ich glaube an Wiedergeburt und hoffe, dass ich in diesem Leben so viel abgebüßt habe, dass ich im nächsten meine Leistungen und Leiden angerechnet bekomme. Dieser Gedanke war mir immer wieder ein Trost."

Ich frage Frau G., wieso ihre Selbstmorde in Versuchen stecken blieben. Sie kann dazu genaue Angaben machen: Beim ersten Mal wollte sie sich ertränken, aber das Wasser im Fluss war zu niedrig und sie brachte es nicht fertig, sich einfach mit dem Gesicht flach aufs Wasser zu legen. Beim zweiten Mal – sie hatte ausreichend Medikamente genommen – fand ein Nachbar sie, dem auf mehrfaches Läuten nicht geöffnet wurde, obwohl in der ganzen Wohnung Licht brannte. Und beim dritten Mal wachte sie nach drei Tagen von alleine wieder auf und musste sich wegen mehrfacher organischer Vergiftungsfolgen in ärztliche Behandlung begeben.

Sie habe es immer ernst gemeint und sie sei immer todunglücklich gewesen, wenn sie wieder wach wurde. Nach dem zweiten Mal wurde sie nach der Entgiftung in die Psychiatrie eingewiesen – gegen ihren Willen. Dort habe man sie nur mit Tabletten behandelt und der Arzt habe ihr gesagt: „Was soll ich hier mit ihnen? Sie als Psychologin wissen doch am besten, was mit Ihnen los ist."

„Ich habe mein Leben über lange Strecken nur deswegen überstanden, weil ich wusste, ich kann mich jederzeit umbringen. Das hat mir oft sehr geholfen. Und das hilft mir auch heute noch. Ich kann aufstehen und aus der Tür gehen und niemand wird mich daran hindern!"

Anders als bei dieser Psychologin, die ihr Leben und ihre tatsächliche Suizidalität zu reflektieren in der Lage war und die möglicherweise als alte Frau Selbstmord begehen wird, wenn sie nicht zuvor eines „natürlichen" Todes stirbt, stellte sich die Selbstmordgefährdung bei Herrn Z. dar, um dessen Betreuung ich im Rahmen meiner Krankenhausarbeit gebeten worden war.

Lebenslange Erpressung

Herr Z. war nach einer schweren Medikamentenintoxikation, die fast zum Tode geführt hatte, nach Entgiftung und Kreislaufstabilisierung sofort wieder nach Hause entlassen worden. Ich fragte erschreckt nach dem Grund und bekam als Antwort: „Sie werden schon sehen!"

Was ich bei meinem ersten Hausbesuch sah, war ein 73-Jähriger, sehr aufrechter, sehr gepflegter alter Herr, der in einem Rollstuhl saß und seine fast gleichaltrige Frau schikanierte. Mein Besuch erstaunte ihn nicht, er war ihm sehr willkommen. Zunächst vermutete ich, dass er – wie viele alte Menschen – nur die Abwechslung genoss. Im Laufe der Monate erfuhr ich, dass es etwas ganz anderes war.

Herr Z. befahl seiner Frau Kaffee zu kochen und uns nicht zu stören. Von seinem Selbstmordversuch berichtete er ausführlich und scheinbar sachlich. Ja, er sei in letzter Minute gerettet worden. Er habe über Monate Tabletten gehortet und diese mit einem Glas Wasser alle genommen. Dazu hatte er im Bett gelegen – zum Mittagsschlaf.

Dann trat der erste Bruch ein, der mich verwirrte: Seine Frau sei später als gewöhnlich vom Einkaufen zurückgekommen! Sie habe ihn bewusstlos gefunden – normalerweise würde sie bei der Heimkehr den Kaffee aufsetzen, ihn wecken und ihm aus dem Bett helfen. Aber er wachte nicht auf – weil sie zu spät kam ... Sie hatte also offenbar „irgendwie" Schuld an dem, was passiert war!

Herr Z. nahm mich im Laufe der Zeit in Beschlag. Ich kam einmal wöchentlich und die Besuche liefen exakt einer wie der andere ab – schnell trat ich mit diesem Klienten auf der Stelle, der nichts von sich preisgab außer seiner Fassade.

Ich wollte gerne, dass seine Frau bei den Gesprächen anwesend sei. Ich machte den *Vorschlag* dazu. Herr Z. lehnte ab. Seine Frau saß während unserer Gespräche stets mit gefalteten Händen und gesenktem Kopf vor ihrer Kaffeetasse am Küchentisch.

Herr Z. erzählte aus seinem Leben: Er sei höherer Offizier gewesen. Er habe viel Sport getrieben – und deswegen belaste es ihn auch besonders, dass er jetzt im Rollstuhl sitzen müsse. Er habe ein interessantes Leben und interessante Frauen gehabt. Er sei viel herumgekommen in der Welt ...

Fragen nach seiner Familie – er hatte einmal einen Sohn erwähnt –, nach seiner Ehe, nach seinen Problemen, nach seinem Selbstmordversuch ließ er unbeantwortet. Stattdessen charmierte er, versuchte zu kokettieren und begann, mir Geschenke zu machen, die seine Frau besorgen musste. Ich lehnte diese stets ab, was ihn außerordentlich kränkte.

Ich kam nicht weiter. Er wickelte mich ein – und als ich versuchte, diese unfruchtbare Beziehung zu beenden, produzierte er eine akute Selbstmordgefährdung. Er sei doch immer noch nicht über den Berg – ob ich nicht wüsste, wie schwer sein Selbstmordversuch gewesen war – er sei doch fast gestorben – er bräuchte meine Hilfe – er könne doch nicht die Wohnung verlassen mit seinem Rollstuhl – ich müsse weiterhin kommen – meine Besuche würden ihn aufrichten – nur sie würden ihm helfen ...

An diesem Punkt angekommen, *verlangte* ich, mit seiner

Frau zu sprechen – und zwar alleine. Alle meine zaghafteren Vorstöße hatte er sofort abgeblockt und in der kleinen Wohnung war es mir nicht möglich, auch nur ein einziges Wort mit ihr zu sprechen, weil immer die Türen offenstehen und er alles hören musste, was sich außerhalb seines Rollstuhlradius zutrug. Über das Telefon herrschte er. Seine Frau konnte es ohne seine Zustimmung und Gegenwart nicht nutzen.

Ich *verlangte* und machte meine Weiterarbeit mit ihm zur Bedingung: ein Gespräch mit seiner Frau außerhalb der Wohnung und unter vier Augen. Es war Erpressung – und sie wirkte! Seine Frau „bekam frei" und in dem Gespräch mit ihr eröffnete sich mir ein Frauenschicksal, bei dem ich mich fragte, wieso er und nicht sie sich töten wollte.

Aber er wollte sich gar nicht töten! Er erpresste seine Frau – also hatte ich genau die Sprache gewählt, die er verstand! Seine Frau war seine Gefangene. Sie „durfte" einmal täglich aus dem Haus, nachdem sie mit ihm den Einkaufszettel und die -route besprochen hatte. Danach stellte er die Uhr. Er kontrollierte sie komplett – es blieben keine zehn Minuten, in denen diese Ehefrau irgendetwas anderes hätte tun können als das, was auf dem Zettel stand.

Der dahinter stehende Grund: Frau Z. hatte in den letzten Jahren mehrmals versucht, heimlich ihren Sohn zu treffen. Dieser war Mitte 30 und das einzige Kind. Er war schwul und lebte als körperliches und seelisches Wrack in der Drogenszene. Sein Vater hatte ihn von Anbeginn an verabscheut. Er hatte aus dem kleinen Jungen einen harten, gehorsamen Mann machen wollen. Daran war das Kind zerbrochen. Für Herrn Z. war sein Sohn die große Enttäuschung seines Lebens. Er hatte ihn verstoßen, als deutlich wurde, welcher sexuellen Neigung der Sohn folgte – und er hatte seiner Frau jedweden Kontakt zu ihm verboten.

Anfangs zweigte sie immer noch etwas Geld für ihn ab (vom Einkommen ihres Mannes, eigenes hatte sie nicht). Als ihr Mann das merkte, rechnete er ihr jeden Pfennig vor und sie musste nach Heimkehr mittels Kassenbon jeden Pfennig belegen.

Warum Frau Z. sich nie getrennt hatte, konnte sie spontan sagen: Sie habe ihm bei der Eheschließung die Treue geschworen – „bis dass der Tod euch scheide". Das genügte für sie.

Am Ende unseres Gesprächs, das mich an den Rand meiner Fassung brachte, bemerkte sie wie nebenbei, dass ihr Mann ihr zeitlebens mit Selbstmord gedroht habe, wenn er nicht bekam, was er wollte. Er habe auch diverse Selbstmordversuche hinter sich, die sie sehr ambivalent sein ließen: Sie hoffte auf ein „Gelingen", um endlich mit ihrem Sohn zusammenleben zu können (!), und sie fürchtete den Tod, weil sie ihre Schuldgefühle fürchtete. Da sie heimlich auf sein Sterben hoffte, wäre sie die Schuldige gewesen – und sie war es ja fast auch, weil sie sich diesmal verspätet hatte! Sie hatte sich heimlich und verbotenerweise mit ihrem Sohn getroffen! Noch im Krankenhaus beschuldigte ihr Mann sie, ihn durch ihre Unbotmäßigkeit fast zu Tode gebracht zu haben …

Ganz am Ende unseres Gespräches sagte Frau Z. tonlos: „Er hat vor 40 Jahren schon die Ehe mit mir erzwungen. Er würde sich umbringen, wenn ich ihn nicht heiraten würde. Ich habe ihn nicht gewollt, aber ich wollte nicht, dass er meinetwegen stirbt."

Als Herr Z. einige Zeit später begann, auch mich mit Selbstmord zu erpressen, als er mich an Wochenenden und spät abends zu Hause anrief und mein Kommen befahl, weil „sonst was passieren würde", habe ich diese Klientenbeziehung beendet. Es war der einzige Klient während meiner gesamten Tätigkeit, bei dem ich nach Monaten wusste: Hier kann ich *nichts* bewirken. Diese beiden/drei Menschen steckten so fest in ihrer destruktiven Beziehung, aus der sie weder heraus wollten noch heraus konnten, dass einem Außenstehenden keine Chancen eingeräumt wurden.

Herr Z. starb drei Jahre später eines natürlichen Todes. Seine Frau benachrichtigte mich. Mit mir sprechen wollte sie nicht mehr – sie wollte nur noch ihren Sohn haben, der inzwischen wegen mehrfacher Selbstmordversuche in der Psychiatrie lag.

III.
Vom (Un-)Wert des alten Menschen

Für Alte ist (uns) nichts zu schäbig!

Berichte aus Pflegeheimen gibt es nicht – jedenfalls nicht von Betroffenen. Wie auch? Wer noch kritisch schreiben kann, meidet tunlichst diese Abhängigkeiten, und wer sich in dieser Institution befindet, ist entweder hilflos und desolat oder er wird dazu gemacht.

Es war kein Heim, sondern die geriatrische Station eines evangelischen Krankenhauses, auf der ich eines Tages – noch fern vom Rentenalter – nach einer Operation landete. Der Grund: Dieser Station war eine „Reha" angegliedert. Vermutlich war man davon ausgegangen, dass akut Kranke nach der Gesundung Rehabilitation wie Alte brauchen, die sinnvollerweise in derselben Hand liegen könnte – und auch noch die Kasse zu füllen in der Lage ist. Für mich war es ein Blick in den Abgrund.

Meine dreiwöchige Erfahrung und eine gewisse Hochrechnung von geriatrischer Akut-Station über stationäre Dauerpflege bis hin zum unvermeidlichen Ende ließen keine Fragen mehr offen – inklusive der Frage nach der besten Selbstmordmethode (vgl. Kap. „Der todsichere Tipp").

Ich war plötzlich in der Realität der alten Alten angekommen, von der ich immer glaubte, sie würde mich nicht treffen. Es war die Wirklichkeit der auf fremde Hilfe angewiesenen Alten.

Ein Liegendtransport bringt mich in die „Klinik für medizinische Rehabilitation". Auf der Station angekommen, werde ich wie ein Frachtgut angenommen: „Kann sie sitzen?", fragt die Pflegekraft die beiden Transporteure. „Nein, kann sie nicht", antwortet einer von ihnen. Nicht nur, dass es nicht stimmt – aber wieso werde nicht *ich* gefragt? ... Keiner begrüßt mich, keiner spricht mit mir. Irgendwann kommt eine Schwester. Ob ich Wasser wolle? Ja, bitte, aber vor allem möchte ich nicht länger auf dem Flur abgestellt sein. Das ginge im Moment nicht anders, mein Zimmer sei noch besetzt. Nach anderthalb Stunden – ich habe die Stationsuhr vor Augen – schlendert ein Weißbekittelter heran, der schon die ganze Zeit über den Flur geschlurrt ist. Er murmelt seinen Namen samt Doktortitel und sagt mürrisch ohne Begrüßung: „Sie müssen noch warten. Ihr Zimmer ist noch nicht frei." Ohne eine Antwort abzuwarten, dreht er sich um und geht. Mit meiner Frage hat er nicht gerechnet: „Und wie lange noch?" Noch unfreundlicher sagt er über die Schulter im Weitergehen: „Noch zwei bis drei Stunden!"

Ich bin ein geduldiges Schaf, aber selbst für mich gibt es Grenzen. Geradezu elektrisiert fährt er herum, als ich mit Donnerstimme sage: „Mit hundertprozentiger Sicherheit nicht!" Eine Alternative war mir zwar auch noch nicht eingefallen, aber es wirkte verblüffend.

Wortlos verschwindet er. Irgendwie habe ich das Gefühl, dass dieser Ton auf dieser Station ein Novum ist. Was dann kam, hatte ich nicht gewollt. Ein uralter Mann, der sich lautstark und heftig beschwert („Ich habe dieses Zimmer für den ganzen Tag bezahlt!"), wird im Flur an den Tisch gesetzt, sein Gepäck neben ihn gestellt und ihm wird mitgeteilt, dass seine Tochter erst in drei bis vier Stunden käme, ihn abzuholen. Einer von uns beiden muss also auf den Flur. In Hotels nennt man das Doppelbelegung und der Tourist hat Anspruch auf Entschädigung. In der Geriatrie hat niemand Ansprüche zu haben!

So komme ich also zu meinem Zimmer. „Wird es nicht noch geputzt?", frage ich. Nein, es wird nicht. Dann kommt der Pastor. Ich horche ihn etwas aus … und er versteht nicht meine Intention. Das ist gut so, denn so erfahre ich wenigstens etwas. Ja, es sei sehr schade, dass man habe die Reha hinzunehmen müssen. „Es war immer so eine schöne Altersabteilung" – aber aus finanziellen Gründen sei es nicht mehr gegangen. Aber wer hierher zur Reha käme, habe lange Tage vor sich – für jeden Patienten stünden pro Tag 30 Minuten zur Verfügung, mehr Personal habe man nicht. „Und da wird der Tag sehr, sehr lang …"

Als Nächstes klärt mich eine Pflegekraft auf: „Wer hierher zur Reha kommt, ist geschnitten. Hier passiert doch gar nichts mit den Leuten."

Zum Abendessen um 17 Uhr bekomme ich eine bunte Mischung Tabletten. Ich frage, was das alles sei. Noch ein Novum! „Das hat der Arzt verschrieben!" „Ja, das habe ich mir gedacht", sage ich, „dennoch wüsste ich gerne, was das ist." Sie geht fragen.

Als sie zurückkommt, weiß sie von jeder Pille den Namen, nicht jedoch, was sie bewirken soll. Bei einer weiß ich es: Es ist ein starkes Beruhigungsmittel. „Wozu soll ich das nehmen?", frage ich. „Das ist gut für die Psyche", sagt die junge Frau. Und ich denke: „… oder für eure Ruhe auf der Station."

Morgens weine ich über die erste Nacht, in der ich alle zwei Stunden mit Taschenlampenkegel im Gesicht geweckt worden war. Auf die Frage, wozu das gut sein solle, war ich angeherrscht worden: „Ja glauben Sie, es ist für das Personal einfach, wenn der Tote morgens schon steif ist!?"

Mein Weinen ruft das Pflegepersonal auf den Plan. Eine Dicke pflanzt sich neben mich auf die Bettkante – Pobacke an Pobacke –, legt mir den Arm um die Schulter und … erzählt mir ihre komplette Leidensgeschichte inklusive aller Operationen und Krankenhausaufenthalte. Als sie damit fertig ist, tätschelt sie mich plumpvertraulich und sagt: „Und nun essen Sie mal schön! Ich habe Ihnen extra ein schönes Nutella mitgebracht!"

Als Nächstes passiert gar nichts, denn mich hat das Virus Noro erwischt. Am ersten Abend hatte ich gefragt, warum es allüberall nach Durchfall riechen würde. „Weil hier alle Durchfall haben", wurde mir kundgetan – lachend. In jedem Zimmer, auf allen Stationen, im ganzen Gebäude grassiert der hochinfektiöse Noro-Virus … und ich als neue Patientin nach einer langwierigen Operation werde bedenkenlos aufgenommen. Es trägt niemand Handschuhe, niemand Mundschutz, die Besucher werden nicht gewarnt, die „Schieber" nur so oft gereinigt wie sonst auch. Strafrechtlich ist das Körperverletzung – vorsätzliche wahrscheinlich, fahrlässige auf alle Fälle.

So „feiere" ich – überm Papierkorb (!!) hängend – meinen Geburtstag. Meiner Bitte, mir ein bestimmtes Medikament intravenös zu spritzen, damit das extreme Erbrechen nachlässt, wird nicht nachgekommen. Warum auch? Seit wann wissen Patienten, was für sie gut ist – und dann noch alte!

Der nächste Punkt: „Ich will keine Psychopharmaka, ich habe

Wirbelsäulenprobleme und sonst nichts." Auch da geben sie seufzend nach. „Das ist doch nur, damit Sie sich beruhigen", sagt der Arzt, und ich sage ihm ebenso deutlich, dass ich mich hier nicht beruhigen wolle, ich wolle mich aufregen! Ja, und das ist es wohl auch ... eben das soll nicht sein, das tut hier niemand, und wer es dennoch tut, bekommt das kleine rosa Pilleken für die Seele.

Nachdem ich mich eine Woche lang mühsam durch die Anforderungen an den Gehorsam gekämpft habe, blase ich zur nächsten Attacke. An fünf von sieben Tagen gab es zum Mittagessen Matsche. Hirnloser Matsch für zahnlose Omis: Milchreis mit Kirschsaft, Milchreis mit Schokoladenpampe (erstarrt), Nudeln mit Zwiebeln in Fett schwimmend, Milchreis mit Apfelmus, Matschkartoffeln mit Matschsoße drüber ... Ich sei doch selbst schuld, höre ich, ich wolle doch vegetarisch essen, und das sei eben vegetarisch! Aber ich könne gerne aus der Küche die Diätassistentin anfordern, die käme ans Bett.

Es kommt: ein Lichtblick! Sie versteht mich! Aber sie versteht nicht, warum ich mir nichts anderes aus den täglichen fünf (!!!) Wahlgerichten aussuchen würde. Es gäbe doch für alle Patienten einen Wochenplan, nach dem sie bestellen dürften. Und das käme dann auch! Aber, schränkt sie ein, auf der geriatrischen Station sei es immer ein wenig schwierig.

So frage ich die Stationsleitung, warum hier so schwierig sei, was doch in allen Kliniken gang und gäbe wäre. „Ach, wissen Sie", sagt die Dame, „das machen wir hier nicht. Unsere Patienten wissen heute doch sowieso nicht mehr, was sie gestern bestellt haben!" (Im Übrigen wird das Essen aus wirtschaftlichen Gründen tief im Osten gekocht, eingefroren und ein paar hundert Kilometer über die Autobahn geschaukelt. Angekommen, wird es aufgewärmt ... und deswegen ist alles eben auch nur Matsche!)

Die Chefarztvisite folgt der gleichen Einstellung. Um mein Bett herumstehend berichtet erst der Arzt, dann die Krankengymnastin darüber, wie es mir geht. Letztere wird dann gefragt, welches ihr Endziel mit mir sei. Sie formuliert es – und dann wendet sich der ganze Pulk zum Gehen. „Wollen Sie denn gar nicht wissen, welches *mein* Endziel in dieser Klinik ist?", frage ich in den

Rücken der Entschwindenden. Ruckartig und mit verschrecktem Blick wenden sie sich um wie ein Mann. Keiner sagt oder fragt etwas. Sie starren mich an, als hätte ich gesagt: „Unter meiner Bettdecke liegt eine scharfe Bombe. Wenn einer von Ihnen mit der Wimper zuckt, geht sie hoch."

Der Chefarzt fängt sich und fragt mich wie ein völlig ungezogenes Kind, dem man noch eine Chance zu geben bereit ist: „Und was wäre das?"

Nein, sie können mit mir nichts anfangen. Ich *will* noch was (ich will meine Rechte, mehr nicht!). Ich *bin* noch wer (ich möchte über mich selbst bestimmen) und ich zahle für das, was „versprochen" wird. Allein die *Zuzahlung* für mein Zimmer beträgt 140 Euro pro Tag. Ein halbes Jahr später logiere ich auf Kosten eines Hörfunksenders in einem 4-Sterne-Hotel mitten in einer Großstadt: ein Bad wie ein Tanzsaal, elegante Ausstattung, jedwede Annehmlichkeit, zauberhaftes Personal, ein Frühstücksbüfett wie in Tausendundeiner Nacht. Kosten: 108 Euro!

Aber hier ist alles eben nur für Alte! Die Wände sind schadhaft, die Resopalmöbel verlieren ihre Umleimer. Die sündhaft teure Nasszelle (ohne Dusche!) stinkt wie ein öffentliches Pissoir. Die Putzfrau geht durch alle Zimmer mit demselben Lappen in der Hand. Es dauert bis zu 20 Minuten, bis jemand aufs Klingeln hin kommt. („Wenn ich einen Herzinfarkt bekäme, wäre ich hier schneller tot, als wenn mir das auf offener Straße passieren würde!" „Ja, da haben Sie Recht!") Die Essentabletts sind altersgrau und zum Teil splittern sie. Das Geschirr ist angeschlagen. Im Medizingläschen mit meinen Tabletten kleben Reste einer weißen Flüssigkeit. Als ich das – angeekelt – deutlich anmerke, wird mir gesagt, das sei meine Medizin gewesen. Die Bettwäsche ist schadhaft: Die eingezogene alte Wolldecke (!) quillt durch die aufgeplatzte Seitennaht, das Bettlaken ist mehrfach geflickt. Der Schaumstoff, der mir zur Entlastung des Rückens unter die Beine geschoben wird, ist nicht bezogen. Er ist uralt, schmuddelig und „mehlt" mir das ganze Bett voll. Die orthopädischen Hilfsmittel stammen aus der Ära der 60er Jahre. Ein Trainingsgerät haben wir fotografiert. Jedes medizintechnische Museum würde sich dafür begeistern. Mein Rollstuhl ist „nicht sicher", wie der Arzt feststellt – da man aber keine sichereren hat, bleibt es bei der Feststellung. Wenn ich mit ihm verunglücke – was soll's? Ich bin auf der Geriatrie, da kommt es nicht mehr drauf an. Um eine feste Bandscheibenmatratze bitte ich exakt 10 Tage lang. Mal hat das zentrale Matratzenlager schon zu, mal ist Wochenende, mal wurde sie zwar verordnet, aber vergessen, die Verordnung weiterzugeben … Außerdem: „Auf dieser Station ist schon eine Spezialmatratze!"

Obwohl ich rehabilitiert – also verselbständigt – werden soll, wird genau das täglich mehrfach erschwert. Damit ich nicht ständig Personal benötige, steht mir ein Rollstuhl zur Verfügung – wenn er denn da stünde, wo ich mich allein hineinsetzen könnte: in bestimmter Position neben dem Bett. Aber dort stört er – die Putzfrau sowieso, die Essen-Bringfrau auch und den Arzt, wenn er mir die Hand geben will. Also wird er ans Fenster geschoben, wo er für mich unerreichbar ist. Bitten, Erinnern, Fordern – alles zwecklos. Ich muss aufpassen wie ein Schießhund und „Halt!" rufen, bevor derjenige den Raum verlässt. Aber das nutzt auch nicht immer, denn „Halt" ist deutsch und das Personal ist multikulti. Sie kommen aus Russland, Polen, der Ukraine, aus Schwarzafrika, Südamerika und Südostasien. Nur die Stationsleitung ist deutsch, aber die Nummer 1 sehe ich in drei Wochen nur ein einziges Mal. Ansonsten: „nix deitsch" – und mir fällt ein, wie eine Bekannte mir über die Irritationen ihrer alten Mutter erzählte, die in ihrem Pflegeheim keinen Ansprechpartner hat, weil keiner Deutsch spricht. Hier erlebe ich es von morgens bis abends, bin froh und dankbar für die täglichen Besuche und die vielen Telefongespräche und denke mit Grausen an diejenigen, die niemanden „draußen" mehr haben.

Jeden Nachmittag knallt die Zimmertür auf und eine schrille Frauenstimme kreischt: „Tee? Kaffee?" Nach einer Woche – so denke ich – sollte sie es wissen. Aber sie versteht mich nicht und sie versteht auch nicht, dass sie nach dem wortlosen Hinknallen von Tasse und Kännchen doch bitte die Tür schließen möge. Was ich unter normalen Umständen beim spätestens dritten Mal tun würde – nämlich „Tür zu!" zu brüllen –, traue ich mich hier nicht. Ich bin so unendlich angewiesen – auf alles. Ich bin darauf angewiesen, dass man mich, wenn nicht schon mag, dann doch wenigstens routinemäßig versorgt. Aber auch das könnten sie hier einfach streichen oder „vergessen".

Als ich dann eines Tages Besuch habe, der die „Tee? Kaffee?"-Dame kennt und sofort mit ihr in ein längeres Gespräch in fließendem Deutsch verfällt, lerne ich auch diese Bitterbösigkeit kennen. „Nix deitsch" schützt vor Arbeit, Mühe, Handreichungen, Wunscherfüllungen – und das muss der alte Patient schließlich einsehen: Nur seinetwegen kann er nicht erwarten, dass zwischen Sibirien und Peru, Kenia und der Ukraine Deutsch gesprochen wird.

Die „Tee? Kaffee?"-Dame, aus Südostasien stammend, lebte seit rund 25 Jahren in Deutschland und hatte ihre Kinder samt und sonders durch das deutsche Gymnasialschulwesen gedrückt. Aber welcher, auf zahlreiche Hilfen angewiesener, Alte weiß das schon?

Deswegen also Beruhigungsmittel!

Zwei Etagen tiefer befindet sich die Entbindungsstation. Sie ist mit allem modischen Schnickschnack ausgestattet. Sie wird mit Hochglanzbroschüren beworben und den werdenden Müttern mit attraktiven Aktionen vorher und nachher schmackhaft gemacht. Alles blitzt und blinkt – selbst das Personal strahlt. Entbindungsstationen – so erfahre ich – bringen das Geld. Die Konkurrenz ist riesig, und werdende Mütter sind ein extrem anspruchsvolles, wählerisches Klientel.

Wenn alles ausgebraucht, abgenutzt und abgeschrieben ist, wird es dann noch für die geriatrische Reha end-verbraucht. Für Alte ist fast nichts zu schäbig. Sie kommen in ihrer Not sowieso, werden hilflos gebracht und sie können nicht mehr mit ihren Füßen abstimmen.

„Wer bin ich (noch)?" Identität – Selbstbild – Fremdbild

Krisen im Laufe des Lebens sind fast immer Identitätskrisen, in denen (meistens) von außen wesentliche Veränderungen an den Menschen herangetragen oder ihm aufgezwungen werden. Das bedeutet, dass Bedeutsames „ganz anders" wird und der Betroffene sich wandeln muss, will er den Anforderungen standhalten.

Dieser Wandel erfordert harte seelische Arbeit. Er muss den Fragen folgen: Wer war ich bisher? Was wird von mir verlangt? Was muss (s)ich ändern? Wer werde ich dann sein? (Bin ich dann noch der, der ich einmal war?) Diese Fragen stellt man sich „nicht einfach so". Sie entwickeln sich oft sehr schmerzhaft, nicht selten vorbewusst, oft unter erheblichen Widerständen – will man doch derjenige bleiben, der man immer war – oder für den man sich gehalten hat.

Die Fragen ergeben sich auch in Auseinandersetzungen mit anderen, denen man vermitteln möchte, wer man ist, für wen man sich selbst hält und als wer man angesehen werden will. In solchen Gesprächen zu erkennen, dass man anders gesehen wird, plötzlich die Position, den Wert abgesprochen bekommt, eigentlich nur noch ein „Niemand" ist, weil man nichts mehr vorzuweisen hat oder anderen nicht mehr von Vorteil ist, führt dann in die Krise. Die Identität ist in Frage gestellt – ein Umdenken ist erforderlich.

Was ist Identität?

Im Prinzip unterscheiden wir zwei verschiedene Inhalte:

1. Die rechtliche, staatlich „verordnete" und geregelte Identität, die sich manifestiert in unseren Personalpapieren („identity card") und Karriereunterlagen. Diese enthalten, wer ein Mensch verwaltungsrechtlich ist: Name, Vorname, geboren am … in …, Beruf, Wohnort, Titel, abrufbare Fähigkeiten, Einsatzorte, Vorstrafen, Kinder, Konten, Fahrverhalten … Diese seine Identität ist abfragbar. Hat er seine Personalunterlagen verloren, ist er (zunächst) ein Niemand mit null Rechten. Nicht einmal seine Berufsfähigkeiten werden anerkannt, wenn er für sie keine Belege beibringen kann, auf denen andere sie ihm bestätigen. Die Frage zu dieser Art der Identität würde lauten: „Wer bist *du*?"

2. Die „eigentliche" Identität fragt: „Wer bin *ich*?" Wie entsteht Identität? Alle psychologischen Schulen treffen sich in der Aussage, dass *Identität das Konzept ist, das ein Mensch von sich selbst hat*. Dieser Entwurf von sich selbst entsteht in Prozessen sozialer Interaktion und individueller Reflexion.

106

Der Mensch hat die Fähigkeit, durch Nachdenken und Über-sich-selbst-Sprechen sich selbst gegenüberzutreten. Diese Fähigkeit wird erworben, indem das Individuum lernt, sich mit den Augen anderer zu sehen und dementsprechend einen Standpunkt zur eigenen Person einzunehmen und seinen eigenen Standort zu finden. Wir sprechen hier von *persönlicher* und von *sozialer Identität*:

Wer bin ich? Wo bin ich angesiedelt? Wie ordne ich mich selbst zu? Welcher Gruppierung gehöre ich an? Diese Standortbestimmungen sind laufend Veränderungen unterworfen – nie jedoch zu trennen von verbaler und nonverbaler Kommunikation. Das Gegenüber – der Einzelne, die Gruppe, Familie, Kollegenkreis, Schulklasse usw. – hat in diesem Prozess die Funktion eines Spiegels, der das eigene Verhalten zurückwirft und durch den die Person erfährt, wer sie ist oder auch wer sie nicht ist.

Identität entsteht also in einem ständig variierenden Geflecht von Beziehungen, Zuschreibungen, Mitteilungen, Deutungen, Fragen und Antworten. Der Mensch bekommt ein Bild von seinem So-Sein in der Welt.

Sie ist die Einheit aus Selbstkonzept, Selbstwertgefühl und Kontrollüberzeugung eines Menschen, die er aus Erfahrungen der Selbstwahrnehmung, Selbstbewertung und sozialer Kontrolle entwickelt und fortentwickelt.

Der einzelne Mensch erlangt seine Identität immer nur durch Zugehörigkeit (bzw. Nicht-Zugehörigkeit!) zu seinen wesentlichen Bezugsgruppen und durch die gegenwärtigen und vergangenen (!) Erfahrungen, die er machen konnte.

In Fachdiskussionen über Identität stellt sich stets die Frage, ob es eine „Grundidentität" gibt, auf der alles andere aufbaut, und die ein Leben lang stabil den Boden bildet – oder ob Identität die Sicht von sich selbst ist, die sich zeitlebens wandelt.

Als Kind – schon während der Schwangerschaft, wie man inzwischen weiß – erwirbt der Mensch Grundgewissheiten: Urangst und Urmisstrauen oder Urvertrauen, Sicherheit und Geborgenheit oder Ausgestoßensein, Geliebt- und Angenommensein oder ungeliebt und abgelehnt zu sein, wert oder unwert zu sein … Dieses Wissen ist gesichert und insofern stellt sich die Frage nach einer Grundidentität nicht. „Ich war von Anbeginn ein gewollter, geliebter Mensch, ich war meinen Eltern ,wert', also habe ich Wert, also bin ich WER" ist das entsprechende Erleben im positiven Falle.

Die Psychotherapie – namentlich die Psychoanalyse – beschäftigt sich mit dieser Grundlegung: Ist sie vorhanden oder nicht? Sie entspricht der stabilen Bodenplatte beim Hausbau, auf der die Wände hochgezogen, die Decken und Böden gelegt und das Dach obenauf gesetzt wird. Wie stabil diese Bodenplatte resp. die Grundidentität des Menschen ist, erweist sich lebenslang in Wechsel- und Krisensituationen bzw. in der Fähigkeit, sich verändern zu können und diese Veränderungen ohne das Gefühl des Selbstverlustes in sich positiv zu verankern.

Aus der Beratungs- und Therapiepraxis kennen wir alle Menschen, die (im tatsächlichen Sinne von Gekränktsein, krankmachend!) am Ursprung ihres Lebens kranken. Ich habe öfter mit Menschen gearbeitet, die noch als Erwachsene schwer darunter litten, dass ihre Mütter versucht hatten, sie abzutreiben, und dieses den Kindern später mehrfach als Ausdruck ihrer prinzipiellen Unerwünschtheit erzählten. Noch intensiver und nachhaltiger kann man einem Menschen nicht auf den Lebensweg mitgeben, wie wenig er wert(geschätzt) war.

Ein Personenkreis, den wir im engen Zusammenhang mit Altersselbstmord betrachten müssen, sind die „Kriegskinder", die in den Grundfesten ihres Seins erschüttert wurden. Das betrifft alle Kinder, die in Kriegen – z. T. durch Gewalt – gezeugt und geboren wurden und die ihre ersten Lebensjahre in Verhältnissen erlebten, die menschenunwürdig, entwürdigend und entwertend waren. Hier sind vor allem die Opfer des Zweiten Weltkrieges gemeint. Ihnen fehlt häufig jedes Grundvertrauen in die Welt und sich selbst. Somit sind sie in besonderer Weise krisenanfällig. Erst jetzt, 60 Jahre nach Kriegsende, beginnen sie, sich zu artikulieren, ihre Traumata zu bearbeiten und professionelle Hilfe zu suchen. Sie sind jetzt „Rentner" und nicht mehr in der Situation, ihre Erlebnisse durch Funktionieren zudecken zu können.

Über Identität wird in den letzten Jahren viel publiziert. Der Kern der Auseinandersetzungen ist die Annahme des Identitätsforschers Erik Erikson, dass die Identitätsentwicklung des Menschen am Ende der Adoleszenz ihren Abschluss gefunden hat. Woraus eine umfängliche Diskussion gemacht wird, scheint mir eher auf eine Unsauberkeit im Umgang mit Begriffen zurückzugehen.

Identität als eine *Grundgewissheit seiner selbst* ist weitgehend unverrückbar. Aus einem zutiefst verunsicherten, angstüberfluteten und sich wertlos fühlenden Kind, Jugendlichen und jungen Erwachsenen wird nie eine in sich ruhende Persönlichkeit werden können, die durch keinen Angriff von außen zu erschüttern ist. Umgekehrt dürfte das selbstsichere, sich wert fühlende und in sich ruhende Kind als späterer Erwachsener nicht jedes Mal in den Grundfesten zu erschüttern sein, wenn sein Sein in Frage gestellt wird.

Dass der Mensch zeit seines Lebens an seinem Sein in der Welt, an seinem Selbst als Partner für andere und somit an seiner aktuellen Identität arbeitet, ist unerlässlich. Er muss sich einstellen. Er muss abwägen, ob er Positionen und Rollen annimmt, die ihm angetragen werden. Er darf sich entscheiden, privat „ein anderer" zu sein als beruflich – was allerdings mehr mit Verhaltensweisen und Rollenübernahmen als mit Identitätswandel zu tun hat.

Sicher ist: Der Mensch verfügt über eine Art Grundidentität, die mehr oder weniger stabil oder labil ist. Mit jedem umfassenden und vor allem entwicklungspsychologischen und -biologischen Wandel muss er sich anpassen, Positionen verändern, Rollen übernehmen, Interaktionen modifizieren – und vor allem: sich stetig in seinem So-Sein und In-der-Welt-Sein reflektieren.

Die großen Umwälzungen im Leben des Menschen sind die Übergänge: vom Kind zum Jugendlichen – zum erwachsenen Berufstätigen – zur Elternschaft – zum Aussteigen aus den Berufs- und Elternrollen. Darüber hinaus können Todesfälle, Schicksalsschläge und die Folgen drastischer sozialpolitischer Einschnitte eine Irritation der Identität erzeugen („Wer bin ich *noch*?") und eine notwendige Neujustierung verlangen.

Die beiden lebensgeschichtlich letzten großen Veränderungen im Leben des Menschen, denen er sich nicht entziehen kann, sind das Ausscheiden aus dem Beruf und die sich möglicherweise ergebende Notwendigkeit der Fremdplatzierung (Unterbringung im Heim).

In beiden Fällen werden wesentliche identitätsstiftende Rollen und Positionen aufgegeben. Der alte Mensch kann sich nicht mehr über seinen Beruf und seine Bedeutung in Firma, Betrieb, Verwaltung, Universität, Politik ... definieren. Aus der Sekretärin, dem Vorarbeiter, dem Konrektor, dem Landtagspolitiker, dem Firmenchef, der Gewerkschaftsfunktionärin ... wird gleicherweise der verrentete Mensch: gegangen, entlassen, freigesetzt, ausgedient: „Wer bin ich noch?"

Für den Pflegebedürftigen steht noch mehr auf dem Spiel: Er muss u. U. alles aufgeben, was ihm blieb: Wohnung, Haus, Garten, Nachbarschaft, Wohnstraße, Stammkneipe – aber auch Selbständigkeit, Verantwortlichkeit, Selbstbestimmung, freie Zeiteinteilung, Wahl von Essen und Trinken, Bewegungsradius und seine Unverletzlichkeit von Körper und Seele: „Wer bin ich noch?"

In diesem letzten Lebensabschnitt können je nach Begegnung und Umgang und je nach dem Fremdbild, das Menschen sich von „dem Alten" machen, die Grundsicherheiten und Grundgewissheiten erschüttert werden. Je nach Qualität des Pflegepersonals kann sich ein neues Selbstbild aufbauen müssen oder eine totale Entpersönlichung stattfinden. Im Pflegebericht 2007 (S. 64) wird angemerkt, dass bei 26,7 % der Bewohner der überprüften Pflegeheime keine aussagefähigen Angaben zu den Biographien der Menschen vorlagen. Wer ist der Alte noch, wenn niemand etwas über ihn weiß und es auch offenbar niemanden interessiert? Je abhängiger der Mensch ist (als Kleinkind wie als regredierter Alter), desto mehr werden Fremdbild und die daraus resultierende Kommunikation seine Ich-Identität antasten. Je weniger Auswahl an Kontakten existiert, desto mehr ist der Abhängige auf einige wenige Personen mit ihren Einstellungen angewiesen, desto mehr wird er sich fügen müssen, desto weniger Widerstand kann er sich leisten – und desto schneller wird er sich aufgeben (vgl. Kap. „Lieber tot als ins Heim").

Wie sehr Selbstverständlichkeiten von außen in Frage gestellt werden und alte Menschen verletzen und irritieren können, zeigt die anhaltende Rentnerdiskussion, die im Frühjahr 2008 aufgrund einer geringfügigen Rentenerhöhung diskreditierende Formen annahm. An den individuellen und/oder kollektiven Reaktionsweisen zeigte sich auch, mit welchem Selbstbild und mit welcher Identität alte Menschen leben.

„Die Alten reisen. Die Jungen riestern." – Und die Medien zündeln

Im Frühjahr 2008 war das Thema „Alte" plötzlich wochenlang auf allen TV-Sendern, in allen Rundfunksendern und in allen Zeitungen. Es war nichts anderes geschehen, als dass die Bundesregierung beschlossen hatte, nach 3-jähriger Nullrunde (keine Erhöhungen) ab dem Sommer 2008 die Renten um 1,1% zu erhöhen. Für den Einzelnen bedeutete das ein Mehr von durchschnittlich 13 Euro pro Monat, für manche eben nur 5 Euro – und das bei einer jährlichen Preissteigerung von inzwischen über 4%.

Die 1,1% sollen ein Wahlgeschenk an die 20 Millionen Rentner sein, die in dieser Größenordnung darüber abstimmen, wie sich die nächste Regierung zusammensetzen wird – sagten die einen. 1,1% nach drei Jahren Pause seien eine Unverschämtheit, sagten die anderen. Schließlich seien die Renten einmal an die Löhne und Gehälter gekoppelt gewesen und diese stiegen im Moment deutlich an. Durch die Teuerung habe der Rentner derzeit knapp 10% weniger als noch vor 5 Jahren.

Von der Unbezahlbarkeit der Renten ist immer wieder die Rede, auch davon, dass es „so viele Alte" gäbe, und „es werden immer mehr". Junge Politiker unterhalb der 30 und junge Berufstätige fürchteten in Talkshows lautstark um ihre Rente in 35 Jahren. Der „Riesterfaktor" wird eingefordert und „die Rentenformel" wird bemüht. Es dominierte das *Gefühl* – und das war negativ!

„Die Alten beuten die Jungen aus", titelte eine Boulevardzeitung und brauchte für diese Überschrift eine halbe Zeitungsseite.

Dann wurde eine Fernseh-Talkrunde unter Maybritt Illner angekündigt zum Thema: „Die Alten reisen. Die Jungen riestern". Die Intention war klar: Die einen machen sich ein schönes Leben und die anderen müssen (dafür) bezahlen.

An dieser Formulierung war so gut wie alles falsch. Es reisen nicht nur Alte, sondern auch Junge – und das ist gut so! Es reisen nicht alle Alten – weil sie es sich gar nicht leisten können. Es „riestern" nicht nur die Jungen (es riestern sogar nur ein Viertel von ihnen, denn das „Riestern" ist [noch] freiwillig), sondern es „riestern" bzw. sorgen für das Alter vor: alle Berufstätigen, und das betrifft im Prinzip alle bis zum 65. Lebensjahr. Die Alten haben nicht „geriestert", weil es den Herrn Riester mit seiner Riesterrenten-Idee zu ihrer Zeit noch nicht gab. Aber sie haben vorgesorgt! Es ist die Vorkriegs- und Kriegsgeneration, die nicht nur den Staat aufgebaut hat, sondern die mit ihren frühen Hunger- und Heimatlosigkeitserfahrungen gespart und vorgesorgt hat – für das eigene Alter, für die Ausbildung der Kinder („Bildung kann ihnen niemand nehmen!") und für die materielle Zukunft der Kinder. Es ist diejenige Generation, die so viel vererben wird wie keine je zuvor – und das nicht etwa, weil sie die Jungen ausgeplündert, sondern weil sie fleißig gearbeitet, gespart und für die Kinder (die jetzt um ihre Rente bangen) zurückgelegt hat.

Es ist auch die erste Generation, die ihre Kinder durch endlose Schul- und Studienzeiten schleuste in einem zahlenmäßig nie gekannten Ausmaß. Es ist die Generation, deren „Kinder" z.T. schon zur „Generation Praktikum" gehören, d.h. die Eltern/die Alten zahlen, zahlen, zahlen. Sie zahlen teilweise schon für die Enkel und ihr Erbe wird an eben diese Generation gehen!

Die mit Abstand ausgefallenste Schmähung lieferte Peter Dausend in DIE ZEIT am 16.04.2008. „Immer mehr alte Politiker machen Politik für immer mehr alte Bürger." (Die Bundestagsabgeordneten sind im Durchschnitt 50 Jahre alt. Und: Wieso engagieren sich nicht mehr Junge politisch?) „Die Rentner sind jetzt an der Macht – und die Jungen müssen bangen." (Um was? Sie leben doch weitgehend gut von ihren Rentner-Eltern, die sie 30 und mehr Jahren alimentieren, die z.T. noch Steuern zahlen und die als Konsumenten die Wirtschaft am Laufen halten!) Die „Seniorenministerin" von der Leyen wird den „Generationenversöhnern" zugerechnet (was ausgesprochen verantwortungsvoll ist!). Sie mache „das ergrauende Deutschland zur Heimat der edlen Alten", wo doch ein junger Abgeordneter diese „als bestens organisierte politische Kampfeinheit" erfahren musste! „Die Macht der Rentner erwächst nicht nur aus ihrer steigenden Zahl. Sie erwächst auch aus ihrer zunehmenden Wut." (Wut ist gut! Wut ist wesentlich gesünder als Depressionen! Wut macht mobil und Mobilität hält alle Altersklassen fit! Und wer zu solchen Attacken bläst wie der Autor, sollte bedenken, dass er als Brandstifter auch Feuer an seine eigene Zukunft legt – als Vorbild für die nachfolgende Generation, die von ihm gelernt haben wird, wie man mit Alten umgeht.)

Rentner sind geduldige Bürger. Aber selbst für sie schlägt irgendwann die Stunde des Protestes. Nachdem ein 27-jähriger Bundestagsabgeordneter böse Briefe en gros bekommen hatte, weil er das Renten-Recht für seine Generation gefordert hatte, war deutlich geworden: Ganz ohne Widerstand wird die verquere und diskreditierende Diskussion nicht hingenommen. Nach wochenlangen Vorwürfen, dass die zu vielen Alten den zu wenigen Jungen ihre Zukunft rauben würden, war plötzlich das Fass voll: In Braunschweig gingen Rentner auf die Straße. Aber selbst im Protest blieben sie zahm. Ihre Aktion begannen sie mit einer Andacht im Dom! Erst dann begaben sich die 2.000 Teilnehmer nach draußen unter dem Motto „Rentner machen mobil".

Interessant an dieser plötzlichen Aktivität ist zweierlei:

1. Sie forderten eine Anhebung der Renten zu einem Zeitpunkt, als diese gerade angehoben werden sollten – wenngleich nur geringfügig! Drei Jahre hatten sie still geduldet – oder mit Wissen um die Notwendigkeiten in ihrer Verantwortung geschwiegen.

2. Sie wären vielleicht auch noch länger ruhig geblieben, hätte es nicht wochenlang und von allen Seiten Anwürfe gegeben, die zweierlei Aussagen enthielten: Ihr seid zu viele, lebt zu lange

und seid zu teuer. Und: Ihr seid verantwortungslos den kommenden Generationen gegenüber. Als dann der Altbundespräsident Roman Herzog im April 2008 den Alten vorwarf, sie würden die Jungen „ausplündern" und es drohe eine „Rentnerdemokratie", war es vorbei mit Verständnis, Verantwortung und Stillschweigen. Wem man (kleine) Opfer abverlangt, den darf man nicht auch noch kränken! Das entspricht einem gesunden Selbstwertgefühl!

Wenn eindeutig nicht einmal alle Politiker über das Rentensystem Bescheid wissen, über das sie entscheiden und reden – und wenn Journalisten dieses Unwissen durch ihr Unwissen schriftlich potenzieren –, wird es brenzlig. Es kommt zu Schuldzuschreibungen („die Alten"), die eine Lösung fordern. Aber welche wäre das? „Es sind so viele und es werden immer mehr" könnte nahelegen, die Masse zu dezimieren! Das wird natürlich niemand fordern – noch nicht! Oder doch? Dass der Selbstmord Alter in vierstelliger Höhe kein Anlass zur Besorgnis ist, macht besorgt. Wenn dann die Massenmedien auch noch zündeln, werden wir über kurz oder lang eine „aktive Sterbehilfe" bekommen, für die es nicht nötig sein wird, den Betroffenen zuvor nach seinen Vorstellungen zu fragen. Eine zu große unliebsame und angeblich teure und egoistische Bevölkerungsgruppe könnte, ohne öffentlich Ärgernis zu erregen, Mensch für Mensch beseitigt werden. Der Boden wird dann bereitet sein – nicht zuletzt durch die Verantwortungslosigkeit der Massenmedien. Angst vor der Übermacht einer Gruppe ist schon immer ein Nährboden für gewaltsame Lösungen gewesen – in Deutschland und anderswo!

Zur Illustration: Fremdbild I

Alterslawine
Schmarotzer
alte Fresser
Generationenkrieg
Altenberg

viertes Alter
bestens organisierte politische Kampfeinheit
Alterslastquotient
Costa-Blanca-Rentner
Überalterung der Gesellschaft
Altersproblematik
Vergreisung
Langlebigkeitsproblematik
Rentnerschwemme
Osteoporose-Kreuzfahrer

„Verzehrende ohne Nutzwert"
„Konsum-Senioren"
„Lebensabend als komfortables Faulbett"

(Paul Parin in: Georgens 2007, S. 114)

„Die Alten plündern die Jungen aus."

(Altbundespräsident Roman Herzog, 4/2008)

Selbstmord aus Furcht vor dem, was kommt

Irgendwann wird das, was vage befürchtet wird, für den alten Menschen zu einer ängstigenden Gewissheit: Wenn mir die Genetik, das Schicksal, Gott … nicht einen gnädigen, schnellen Tod beschert, kann die letzte Zeit zur Qual werden. Wie lange diese „letzte Zeit" dann dauert und von welcher Qualität sie sein wird, hängt von vielen Faktoren ab, die der Betroffene nicht oder kaum beeinflussen kann.

Der Wunsch, lange einigermaßen gesund und vor allem selbständig und selbstverantwortlich zu bleiben und dann ohne lange Leidenszeit und im Beisein von wohlwollenden Menschen rasch zu sterben, mag sich für manche erfüllen. Oft sind es Tode, die das soziale Umfeld sehr erschrecken, weil sie plötzlich kommen. Aus meinem Bekanntenkreis traf es in den letzten Monaten vier Menschen: Einer bekam beim Joggen einen Herzinfarkt und war sofort tot. Er war 58 Jahre alt. Ein 69-Jähriger starb beim „Holzmachen" im Wald ebenfalls am Herzinfarkt. Er wurde binnen einer Stunde von einem Wanderer gefunden. Ein 77-jähriger Mann wurde bei voller Gesundheit und Fitness von einem Auto erfasst und war auf der Stelle tot. Und eine 91-jährige Frau, die sich im eigenen Haushalt noch selbst versorgte, fiel morgens beim Kaffeekochen einfach tot um.

Wenn „wir Alten" uns über solche Todesnachrichten unterhalten, sind immer zwei Aspekte leitend: Zum einen ist es der Schreck über das Plötzliche, aber je älter der nun Tote war, desto eher sagen wir: „Wie gut! Wer weiß, was ihm/ihr erspart geblieben ist." Personifiziert werden die Ereignisse dann im Detail ausgemalt: „Stell' dir vor, der E. hätte jahrelang im Pflegeheim liegen müssen."

Was bei einem schnellen Tod „erspart" bleibt, ist uns allen klar, die wir uns – immer älter werdend – mit Alter, Pflege, Sterben und Tod beschäftigen. Nichts davon ist ein Tabuthema. Es wird in allen Medien dargeboten – je spektakulärer, desto ausführlicher. „Lieber tot als ins Heim" folgt keinen unrealistischen Phantasien, und der Wunsch nach einem schnellen Tod nach einem gelebten Leben erwächst eben auch aus der Anschauung, welche Alternativen es gäbe.

Die Menschen werden (statistisch) derzeit wesentlich älter als noch vor 50, 80, 100 Jahren. Die Lebenserwartung liegt heute für Frauen bei über 80 Jahren, bei Männern nur knapp darunter. Dieser Zuwachs an Jahren ist der Medizin zu verdanken: dem Herzschrittmacher, den Antibiotika, der Unfallchirurgie, dem Impfwesen, den Herz- und Kreislaufmitteln.

Der Mensch stirbt nicht mehr unbedingt an seinen Krankheiten – aber die Medizin macht ihn auch nicht jedes Mal „gesund", bringt ihn nicht „auf den alten Stand", hält ihn nicht jung und fit. Er altert mit seinen Krankheiten und Gebrechen, die zwar bis zu einer gewissen Grenze im Zaum gehalten werden können, die unter Umständen das Leben aber immer stärker einschränken. „Es wird immer weniger", sagt der 68-jährige Patient, dem sein Hausarzt gerade ungehalten vermittelt hat, dass er eben alt sei und keine Wunder erwarten dürfe.

„Es wird immer weniger" bezieht sich beim alten Menschen auf die gesamte Bandbreite seines Daseins (vgl. Kap. „Die Komponenten ..."). Die meisten Einschränkungen geschehen langsam, oft unmerklich ..., bis eine schwere Krankheit, ein Unfall oder ein plötzlicher Todesfall im Umfeld die lineare Entwicklung abbricht ... und ein Weiterleben nur auf einer „niedrigeren" Stufe möglich ist: unselbständiger, hilfloser, hinfälliger, langsamer, einsamer, „weniger".

Für den Betreffenden wird deutlich: Wenn ich nicht zuvor sterbe, kann es für mich eng werden. Wer steht mir dann zur Seite? Wer erträgt mich dann noch? Wem werde ich zur Last? Wie werde ich behandelt werden – nachdem ich viele Jahrzehnte für andere gesorgt habe, selbständig und fest gefügt in meiner Identität war? Die Befürchtungen sind realistisch. Wer nicht verwurzelt in einer Familie mit mehreren Generationen lebt, die sich gerne (!) die Aufgaben rund um den kranken, pflegebedürftigen, behinderten alten Menschen teilt, steht vor einem Dilemma: Wohin mit mir? Und was passiert mir dort? Wie lange wird es dauern? Und: Eröffnet sich *dort* noch der Ausweg Selbstmord?

Heime für Alte sind Endstationen. Die Alternativen – oder Abwechslungen – sind allenfalls Akutkrankenhäuser, eine Drehtürversorgung und möglicherweise einer der sehr seltenen Plätze in einem Hospiz, wenn es dann ans Sterben geht.

Wie eine Drehtürversorgung aussehen kann, hat ein Zivildienstleistender aus meinem Freundeskreis in einem privaten Kleinst-Pflegeheim erlebt.

Eine 84-jährige Frau, sehr schwach, manchmal auch nicht mehr recht anwesend, wurde jedes Mal, wenn es schien, als würde sie sterben, per Notarzt und Krankenwagen ins nächste Kleinstadtkrankenhaus gefahren. Dort wurde sie ein paar Tage „stabilisiert" und anschließend zurückgebracht. Nach einem solchen Rücktransport hatte sie eine unruhige Nacht. Sie atmete sehr laut, stöhnte auch – und plötzlich war alles still. Der Zivildienstleistende – 20 Jahre alt, für diese Tätigkeit nicht ausgebildet und nachts *stets alleine* in dem Heim – wusste nicht, was er tun sollte, ob und wen er anrufen sollte – und so tat er gar nichts. Am nächsten Morgen bei der Ablösung wurde es offenbar: Die alte Frau war tot. Der junge Mann hatte schwere Schuldgefühle – seinetwegen und weil er „versagt" hatte, war die Frau gestorben!

Ich hatte anschließend mehrere Gespräche mit ihm, in denen ich ihm vermittelte: Sein Nicht-Tun war für die alte Frau vermutlich das einzig Richtige. Sie ist nach mehrfachem „Sterbetourismus" ein paar Stunden nach der Rückkehr ins Heim verstorben. Hätte er die übliche Medizin-Maschinerie in Gang gesetzt, hätte es ein weiteres quälendes Hin und Her gegeben.

Sicher empfindet ein alter, schwer herzkranker, sterbender Mensch die Prozeduren mit Abtransport, weiten Wegen über die Landstraßen, Krankenhausaufnahme, Untersuchungsabläufen, Hilflosigkeit des Personals und Rücktransport nicht als eine abenteuerliche Unterbrechung des Heimalltags, sondern als die quälende Unterbrechung eines langsamen Hinübergehens.

Der Arzt Werner Bartens hat in seinem „Ärztehasserbuch" den „Morbus Freitag" geschildert. Alten- und Pflegeheime haben in der Regel am Wochenende weniger Personal zur Verfügung. Daher sind einige Heime auf die Idee gekommen, das Problem anders zu lösen: Alte Patienten werden übers Wochenende in die umliegenden Krankenhäuser überwiesen. Gezielt lässt man sie zuvor austrocknen, indem man ihnen weniger zu trinken anbietet:

> ■ „Es ist schon erstaunlich, welche Wirkungen ein dezenter Flüssigkeitsmangel auf einen Organismus auszuüben vermag. Schwindel und Gleichgewichtsprobleme sind noch die leichteren Symptome. Vergesslichkeit und psychische Auffälligkeiten kommen fast immer hinzu. Je nach Dramatik und Risikofreudigkeit der betreuenden Pfleger und Ärzte können die Beschwerden bis ins Delirium gesteigert werden, wobei natürlich ernste Organschäden zu vermeiden sind. (…) Hier ist die Klinikeinweisung unumgänglich.
> Diese Neuaufnahmen waren zwar einerseits oft sehr lästig.

(…) Andererseits war es beeindruckend, welch wundersame Verwandlung eines ursprünglich hinfälligen Menschen man als Arzt beobachten konnte, wenn man diesen Patienten nur ein klein wenig zu trinken gab oder eine Infusion anlegte und Flüssigkeit zuführte.

Aus desorientierten, verwirrten älteren Damen (…) wurden innerhalb kürzester Zeit hoch differenzierte reizende Gesprächspartnerinnen, sobald sie wieder getrunken oder eine Infusion bekommen hatten. Sie erzählten von ihrem Leben und ihrer Familie und waren durch und durch wieder normal und ansprechbar. Es hatte fast etwas von einer Wunderheilung" (Bartens 2007, S. 39–40). ▨

Alte Menschen verkehren vor allem in Kreisen alter Menschen. Sie tauschen sich aus, sie sehen, hören, erleben und lesen, wie es ihren Altersgenossen geht – und ihre Furcht steigt.

Selbstmord aus Furcht vor dem Ich-Verlust: Demenz

Die Diagnose „Alzheimer" scheint hochgradig suizidauslösend zu sein – stärker noch als die Diagnose „Krebs". Bei Letzterer weiß der Patient, dass er im Prinzip (je nach Stadium) gute Heilungschancen haben kann. Zumindest bleiben ihm i. d. R. noch einige Lebensjahre zur Gestaltung, und er hat die Gewissheit, dass er er „selbst" bleibt.

Die Diagnose Alzheimer/Demenz löst etwas ganz anderes aus: das Wissen um Nichtheilbarkeit, um ein jahrelanges Leiden, um zunehmenden geistigen Verfall, um eine höchstgradige Abhängigkeit von Menschen, die rund um die Uhr aufmerksam sein müssen – und vor allem: das Wissen um den Verlust des Selbst, der Persönlichkeit, des eigentlichen Ich-Bewusstseins.

Die Massenmedien bieten in Talkshows und Lebensberichten Angehöriger anschaulich, was sowohl auf den Patienten als auch auf seine Angehörigen zukommt: 4 – 8 – 12 Jahre Erleben der Zerstörung eines Menschen, der zum Ende hin auf dem Stand eines Säuglings ist.

Alzheimer gilt heute als „Volkskrankheit". Derzeit leben ca. 1 Million Menschen mit dieser Krankheit in Deutschland, in 20 Jahren sollen es schätzungsweise 1,9 bis 2,5 Millionen sein. Die Krankheitsbezeichnung ist dem Entdecker der Krankheit entlehnt: Alois Alzheimer. Sie wird meistens mit dem Begriff „Demenz" gleichgesetzt. Dieser ist jedoch umfassender und bezeichnet auch Krankheiten mit dem gleichen Erscheinungsbild, aber anderen Ursachen. (Ich werde die Begriffe synonym verwenden, denn es ist in erster Linie die „Demenz"-Diagnose, die den Menschen in Verzweiflung stürzt.)

Demenz leitet sich aus dem Lateinischen ab und bedeutet „ohne Verstand" oder „ohne Geist". Es sind „fortschreitende Erkrankungen des Gehirns, bei denen so wichtige Aufgaben wie das Gedächtnis, das räumliche Orientierungsvermögen oder auch die Sprache zunehmend schlechter funktionieren" (Niklewski 2006, S. 12). Durch den Krankheitsprozess „verändern sich die Persönlichkeit, die grundlegenden Wesenseigenschaften und das Verhalten der Erkrankten, sowie (...) auch die Kontrolle über die Körperfunktionen" (a. a. O.).

Demenz beginnt sehr schleichend. Sie scheint keinen konkreten, fixierbaren Beginn zu haben. Mit 60 bis 70 Jahren treten vermehrt Symptome auf – die von den Betroffenen noch lange nicht als krankhaft wahrgenommen werden. Vergesslich und schusselig sein, etwas verlegen, verräumen, Namen und Telefonnummern nicht mehr auf Anhieb parat zu haben, das galt für Generationen vor uns als „altersbedingt", ggf. als „Abbau". Erst seit die Krankheit „Alzheimer" ins Gesichtsfeld der gesamten Bevölkerung gerückt ist, schaut jeder beklommen oder angstvoll auf diese Symptome: die Jüngeren mit Skepsis, die Älteren mit der Furcht, „jetzt hat es mich erwischt".

Ab 70 steigt die Kurve steil an (ebenso wie die des Selbstmordes!), und die Wissenschaftler, die sich forschend mit der Krankheit beschäftigen, gehen davon aus, dass so gut wie jeder 100-Jährige unter Alzheimer leiden wird. Für die Medizin, die Pflege, die Sozialpolitik und die Pflegeversicherungen werden ganz neue Konzepte erarbeitet werden müssen. Sie alle sollten heute damit beginnen, denn es ist leicht auszurechnen, wie viele Hundertjährige es 2030 oder 2050 geben wird.

Betroffene, die die inzwischen allerorten publizierten Symptome bei sich entdecken, scheuen sich lange, einen Arzt aufzusuchen. Sie versuchen, ihr Stigma zu verheimlichen und zu kompensieren, was auch viele Jahre lang gelingen kann. Vielleicht ist „es" ja doch nur Erschöpfung und „das Alter"? Dabei muss immer auch bedacht werden, dass bei unbehandelten Depressionen die gleichen Symptome auftreten können. Der schwer depressive Mensch kann ohne weiteres mit einem Dementen gleichgesetzt oder verwechselt werden. Die Scheu vor einer Diagnostik ist erklärlich: „Gestern war ich noch intakt und nur ein bisschen vergesslich – und ab heute heißt meine Vergesslichkeit ‚Alzheimer', ist unauflöslich und besiegelt mein Schicksal für den Rest meines Lebens."

Für den Menschen, der gerade eben die Diagnose „Alzheimer"/ „Demenz" bekommen hat, bedeutet das, sich in erster Linie auseinanderzusetzen mit der späteren Organisation seines Lebens: Wen habe ich bei mir? Wer steht mir bei und verlässt mich nicht? Wie lange ist dieser Mensch belastbar? Wie lange kann ich mich ihm zumuten? Also: Wie lange / Bis zu welchem Erkrankungsstadium kann ich zu Hause bleiben und ab wann muss ich „fortgegeben" werden?

Menschen in festen Partnerschaften haben diese Fragen im Miteinander zu klären. Die weitere Familie (Geschwister, Kinder …) sind ggf. mit einzubeziehen. Für manchen mag hier die Stunde der Wahrheit schlagen: Krank, behindert und später schwer pflegebedürftig bin ich für niemanden mehr attraktiv. Möglicherweise aber auch schon vor einem ersten Gespräch beschließt der Patient: „Ich will niemandem zur Last fallen." (Oder auch: Ich will gar nicht hören, was meine Familie zu meiner Erkrankung und der Zukunft zu sagen hat).

In wesentlich problematischerer Situation befindet sich der alleinstehende alte Mensch, der gerade seine Diagnose bekommen hat: Wie lange kann ich noch alleine leben? Werde ich selbst merken, ab wann es nicht mehr geht? Woran? Und wo bleibe ich dann? Wer hilft mir, für mich den richtigen Platz zu finden? Wer regelt meine Angelegenheiten? Wer löst alles auf? Wer steht mir in der völlig fremden Umgebung dann bei? Wer mag sich noch mit mir beschäftigen? Was bleibt von mir übrig? Werde ich nur noch ein geistig-seelisches Wrack sein, das sich einkotet und mit dem Essen schmiert, das nicht mehr weiß, wo es ist, und niemanden mehr erkennt? Wird man sich vor mir ekeln? Mich quälen und misshandeln?

An diesem Punkt angelangt, wird es für viele alte Menschen nur noch eines geben: Selbstmord, und zwar recht schnell, solange „es noch geht", solange die „Tatherrschaft" noch bei ihm selbst liegt. (Hier ist eine Parallele zu sehen zu Menschen, die kurz vor der Heimeinweisung stehen und befürchten, dass sie in der fremden Umgebung und unter voller Fremdkontrolle im „Notfall" keine Möglichkeit mehr haben werden, sich selbst zu töten.)

Was haben Medizin und Sozialpolitik dieser Entscheidung entgegenzusetzen? Oder sehen sie tatenlos zu, weil der frühzeitige Selbstmord das Massenproblem kleiner halten wird?

Selbstmord aus Furcht vor Gewalt

Die Initiative „Handeln statt Misshandeln" (HSM) in Bonn macht darauf aufmerksam, dass die Gefahr, zu misshandeln und misshandelt zu werden, in häuslichen Pflegeverhältnissen groß ist. Sie schätzt die Anzahl der Opfer auf ca. 600.000 in Deutschland: Partner untereinander sowie Väter und Mütter. Schläge, Wegsperren, Anbinden, Essensentzug – meistens sind diese Verhaltensweisen Folge jahrelanger Überforderung, Selbstausbeutung und des Gefühls, nur noch für den alten Kranken funktionieren zu müssen und „niemand" mehr zu sein. Weder die Pflegenden noch die Patienten sind böswillig – aber dort, wo es keine verlässlichen Hilfen von außen gibt, ist das Maß des Erträglichen schnell voll. „Der Staat ist in der Pflicht", sagt die Initiative HSM, und die Mainzer Professorin Gisela Zenz fordert den Nationalen Aktionsplan ein, der von der EU für alle Länder beschlossen wurde: von der Justizministerin Zypries, der Seniorenministerin von der Leyen und von der Gesundheitsministerin Schmidt („Monitor" vom 24.04. 2008).

Wie viel Aggressivität alte Menschen in stationärer Pflege ertragen müssen, liegt weitgehend im Dunkeln. Der Pflegebericht 2007 lässt jedoch ahnen, dass die 6,5 % „Freiheitsentzug" und die mangelhafte Ernährungslage nicht auf die Wünsche der Betroffenen zurückgehen.

Die Frage voller Furcht ist für den alten Menschen: Was passiert dann und dort mit mir? Kann ich mich noch wehren? Oder sind mit dem Verlust der Autonomie auch Gewalt, Missachtung, Misshandlung und Erniedrigung verbunden?

Selbstmord aus Furcht vor der menschlichen Tragödie hinter geschlossenen Türen

Im Keller

Es ist ein besonders heißer Sommertag: 36 Grad im Schatten und kein Blatt bewegt sich. Während ich langsam durch den Garten gehe – immer bemüht im Baumschatten zu bleiben –, kommt meine Nachbarin nach Hause: 25 Jahre alt, seit 8 (!) Jahren in einem privaten Pflegeheim (Familienbetrieb) tätig, dafür jedoch nicht ausgebildet. Sie ist auffallend blass und fröstelt. Ich frage sie, ob sie sich krank fühlt, ob sie „etwas ausbrütet" und ob ich ihr einen heißen Kaffee machen soll.

Sie winkt ab. Ja, sie friere, sie habe heute im Keller gearbeitet. Ich frage sie, ob sie Strafarbeit machen und den Keller aufräumen musste. Nein, sagt sie, sie habe im Keller Dienst gehabt. „Dort liegt die Pflegestufe III. Die merken doch sowieso nichts mehr."

Uringestank

Am nächsten Tag erzähle ich – immer noch schockiert – diese Begebenheit einer jungen Kollegin. Sie ist weder erschreckt noch verwundert, sondern ergänzt: „Das kenne ich. Ich habe während des Studiums für eine große Apotheke Medikamente ausgefahren. Zu meiner Route gehörte ein großes Pflegeheim – teuer und nobel.

Ich musste die Kisten in die Zentralapotheke in den Keller bringen. Dort unten stank es immer furchtbar nach Urin.

Irgendwann habe ich nachgefragt. Da sagte die Apothekenhelferin: ‚Ja, das stimmt. Hier unten liegen die Leute, die keinen Besuch mehr bekommen.'"

Ein ganz normales Heim

Frau A., 72 Jahre alt, selbständig in einer 2 ½-Zimmer-Wohnung lebend, nach fast 50-jähriger Berufstätigkeit seit einigen Jahren in Pension, kriegsbedingt unverheiratet und kinderlos geblieben, stürzt an einem Samstagabend in ihrem Flur zu Boden: Schlaganfall. Bis dahin war sie kerngesund, sie kam gerade von einer 14-tägigen Seniorenwanderfreizeit zurück.

Am Mittwochabend erst wird sie gefunden, fast tot, aber eben noch nicht ganz. Nach einem Krankenhausaufenthalt wird sie sofort ins Pflegeheim verlegt. Sie ist halbseitig gelähmt – wie mit einem Messer von oben bis unten durchgeschnitten. Geistig ist sie völlig klar.

Auf eigenen Wunsch bekommt sie ein Einzelzimmer. Sie muss kräftig zuzahlen. Als ihre Mittel aufgebraucht sind und „nur" noch die Pension übrig ist, die alleine die Heimkosten nicht abdeckt (nach 50 Jahren Arbeit!), wird sie gegen ihren Willen in ein 3-Bett-Zimmer verlegt. Dieses ist extrem eng. Wenn das dritte Bett aus der Nische auf den Flur gefahren werden muss, weil die Patientin zur Untersuchung oder Therapie soll, muss ein Bett schräg gestellt und das Bett der Frau A. auf den Flur geschoben werden. Dort steht sie dann – manchmal mehrere Stunden, denn „es lohnt nicht", sie wieder ins Zimmer zu rollen, weil sie ja doch wieder hinaus muss, wenn die dritte Patientin zurückkehrt. Als 2-Bett-Zimmer wäre es eng, als 3-Bett-Zimmer ist es eine Zumutung – selbst für ein Akutkrankenhaus wäre es fatal, geschweige denn für eine Unterbringung über mehrere Jahre.

Die zweite Patientin ist nicht ansprechbar. Sie hat einen schweren Hirnschaden. In Abständen von jeweils 10–15 Minuten schreit sie laut mehrfach hintereinander – Tag und Nacht, 7 Tage die Woche. Besucher halten es kaum eine halbe Stunde aus, zumal jeder bei diesem durchdringenden Schrei zutiefst erschreckt.

Ich besuche Frau A. Sie weint vor Freude, aber nach Angaben des Personals weint sie ohnehin sehr viel. Dafür hat niemand Verständnis – es gehe ihr im Gegensatz zu anderen doch gut. Ich möchte sie in ihrem Rollstuhl ausfahren. Ich vermute, dass sie das gewöhnt ist – das Heim liegt in der Nähe eines großen gepflegten Stadtparks. Ich habe mich getäuscht. Sie war noch nie draußen. „Dafür haben wir hier keine Zeit." Sie ist seit fast 6 Monaten dort!

Das Personal möchte ihr die Ausfahrt zwar ermöglichen, aber sie muss dafür angezogen und fachgerecht in den Rollstuhl gesetzt werden. Man ist genervt. Auch dazu ist „eigentlich keine Zeit".

Als wir „reisefertig" sind, bekomme ich eine Weisung: „Sie wird ins Café wollen. Sie darf dort kein Eis oder Kuchen essen." „Wieso, ist sie Diabetikerin?" „Nein, sie wird zu schwer. Wer soll sie dann noch heben? Sie macht doch nicht mit."

Ich betrachte sie. Sie hat das, was man eine „frauliche Figur" nennt. Von Fett oder Übergewicht ist nichts zu sehen. Und: Wie soll man aktiv mitmachen, wenn von Kopf bis Fuß eine Körperseite komplett gelähmt ist? Und einmal in 6 Monaten ein Stückchen Torte??

Sie hat es dort 9½ Jahre aushalten müssen. Sie wollte so gerne sterben, weil es ihr schlecht ging. Sie bedauerte inständig, dass sie am vierten Tag nach ihrem Sturz gefunden worden war. „Hättet ihr mich doch einen Tag später gefunden!" Einen Tag später wäre sie an Flüssigkeitsmangel verstorben gewesen. Das wusste sie.

Es war ein ganz „normales" Heim. Es gab keine Skandale, es roch nicht nach Urin, die Patienten wurden satt, es gab kleine Geburtstagsfeiern, eine Beschäftigungstherapie und einen Adventsbasar. Einmal im Monat wurde ein ökumenischer Gottesdienst gefeiert und Besucher wurden im Prinzip gerne gesehen. Es war nichts Schlimmes, kein Alter war wund gelegen, keiner verwahrlost. Aber …

Der Krankenhausarzt Bartens schildert in seinem „Ärztehasserbuch" einen weiteren Fall. Er liest sich wie aus fernen Tagen.

Während meines ersten Studiums verdiente ich meinen Lebensunterhalt mit Nachtschicht und Wochenenddienst in einer Frauenchirurgie. Damals gab es noch Säle mit 24 Betten: links 11, rechts 11 und in der Mitte zwei längs gestellt. Gleichzeitig waren sie Durchgangsräume zu dahinter liegenden Zimmern, in denen jeweils nur acht Patienten untergebracht waren. Das war die Zeit – es ist 40 Jahre her –, dass hin und wieder der großen Säle wegen eine Sterbende für die letzten Stunden ins Badezimmer geschoben wurde.

Bartens ist Jahrgang 1966. Seine Krankenhauserlebnisse müssten somit aus den letzten fünf bis zehn Jahren stammen. Aus dem Badezimmer ist inzwischen eine Abstellkammer geworden. Etwas gekürzt gebe ich auch diesen „Fall" wider:

> ■ „Nicht einmal zwei Wochen lang ertrugen es die Ärzte und Schwestern auf der Station. Dann hielten sie es nicht mehr länger aus, dass die Patientin immer noch in einem normalen Krankenzimmer lag. Sie wollten sie nicht permanent sehen, jetzt nicht mehr. Schließlich würde sie sterben, das war mittlerweile allen klar. (...)
> Besuch bekam sie so gut wie nie. (...) Jetzt musste das Zimmer der Patientin endlich geräumt werden. Es ging nicht, dass die Ärzte die Todkranke bei der täglichen Visite immer wieder sehen mussten und dass sie genauso behandelt wurde wie die anderen Patienten, die noch eine Chance hatten. Die Ärzte konnten ja nichts mehr für sie tun. Was sollte man da noch an ihrem Krankenbett besprechen? Was sollte gar der Chefarzt mit ihr machen, der einmal wöchentlich zur Visite kam? Das war eine Vergeudung seiner Kompetenzen und seiner teuren Arbeitszeit – zumindest rechnete er uns Stationsärzten das so vor. Außerdem mochte er keine sterbenden Patienten. (...)
> Schräg gegenüber von unserem Arztzimmer gab es einen schon lange nicht mehr genutzten Raum, eine Art Abstellkammer. (...)
> Das Zimmer Nummer acht wurde am nächsten Vormittag nach unserer Stationsvisite geräumt. Die 81-jährige Patientin wurde von den Schwestern mit ihrem Bett in den Abstellraum

geschoben, die Krankenakte lag auf der Bettdecke an ihrem Fußende. Sie schaute verzweifelt, als sie über den Gang geschoben wurde. (...)

Als die Tür zufiel, waren wir alle, Ärzte wie Pflegekräfte, auf gewisse Weise erleichtert. Diese Patientin war von jetzt an nicht mehr Teil unseres Berufsalltags, wir gingen nicht mehr zu ihr zur Visite. (...)

Die Patientin bekam natürlich weiterhin ihr Essen, sie wurde auf die Bettpfanne gesetzt, aber auch die meisten Schwestern machten einen Bogen um die Abstellkammer mit der sterbenden Patientin. (...)

Vier Tage nachdem wir sie über den Gang in die Kammer hatten schieben lassen, war die Patientin tot. (...) Der Chef fragte: ‚Ist sie weg?' Ja, jetzt war sie weg, endgültig." (Bartens 2007, S. 93–96) ▪

Ein tragischer, verantwortungsloser, absoluter Einzelfall? Mit Sicherheit nicht! Nur gehört viel Mut und eine ganze Portion geistig-seelischer (und materieller?!) Unabhängigkeit dazu, solche Vorkommnisse der Öffentlichkeit zugänglich zu machen.

Im Sommer 2008 wird der Zusammenhang zwischen der „Sterbehilfe", dem Altersselbstmord und der Furcht vor dem, was dem alten Menschen bevorsteht, durch die Medien bundesweit offenbar. Der frühere Hamburger Justizsenator Roger Kusch hat „Sterbehilfe" geleistet bzw. den Selbstmord einer alten Frau „ermöglicht", und er hat das Geschehen auf Video festgehalten.

„Ich kann nicht sagen, dass ich leide. Was mich quält, ist die Angst, mein Leben in einem Pflegeheim zu beschließen", hat die 79-jährige Bettina Sch. angegeben. Für Kusch war dieser „Sterbewunsch plausibel".

Anlässlich der heftigen Diskussion zu diesem ungeheuerlichen Fall gibt die Frankfurter Rundschau an, dass *jeder dritte Deutsche* sich lieber umbringen würde, als zu einem Pflegefall zu werden.

Spätestens ab diesem Zeitpunkt ist deutlich, dass das Thema Altersselbstmord vom Thema Pflegeheim nicht zu trennen ist – und damit zu einem *sozialpolitischen* Thema erster Ordnung geworden ist!

„Lieber tot als ins Heim" –
Der Pflegebericht 2007

▨ „Im Bereich des linken Armes sowie beider Knie- und Hüft-
gelenke bestanden schwere Beugekontrakturen. Konkrete Pro-
phylaxen waren nicht geplant. (...)

Die Pflegebedürftige befand sich zum Zeitpunkt der Quali-
tätsprüfung in einem reduzierten Ernährungszustand. (...) Der
individuelle Energiebedarf wurde nicht ermittelt. (...) Die Unterversorgung wurde nicht erkannt. (...) Gewichtskontrollen
erfolgten nicht zielgerichtet.

Bewohnerin zeigte bei Pflegeintervention verbale Schmerz-
äußerungen. Schmerzinterventionen erfolgten nicht." (2. Bericht
des MDS 2007, S. 101) ▨

Wenn wir früher in der Sozialarbeit vom Selbstmord eines alten
Menschen erfuhren, der sich wenige Tage vor der Übersiedlung
in ein Heim das Leben nahm, waren wir überzeugt: Er/Sie wollten die Heimat zum Lebensende hin nicht verlassen. Sie wollten
kein neues Zuhause. Sie hingen an ihren Erinnerungen, die sie
durch Umsiedlung nicht verlieren wollten. Hier waren sie mit
Ehemann, Kindern, Freunden und Enkeln glücklich gewesen! Oft
hatten sie 30 oder 40 Jahre in ihrer Wohnung gelebt. „Einen alten
Baum verpflanzt man nicht", wurde in diesem Zusammenhang
zitiert. In der neuen Umgebung wird er nicht mehr wurzeln und
deswegen eingehen. Also „geht" er vorher, ohne die Folgen abzuwarten.

Wir individualisierten den Selbstmord. Er schien uns wie eine
freie Entscheidung für Altes und gegen Neues, schien wie mangelnde Flexibilität. Vielleicht war es das *auch* – aber vielleicht
wussten oder ahnten die alten Menschen auch, was möglicherweise auf sie zukommen würde.

Seit im Jahr 2007 der Pflegebericht des Medizinischen Dienstes
der Spitzenverbände der Krankenkassen e.V. (MDK) herauskam,
ist jedem einigermaßen interessierten alten Menschen klar, was
auf ihn zukommen kann.

Eine der Fehleinschätzungen von Politikern, Medien und jüngeren Mitmenschen scheint es, anzunehmen, dass Alte nicht informiert seien, nicht Bescheid wüssten, nicht mit der Zeit gingen, nicht mehr wüssten, was draußen in der Welt gespielt wird. Das ist eine herbe Fehleinschätzung. Sie beruht auf mindestens zwei Denkfehlern: „Alte" werden gedacht als eine kompakte Einheit, und es wird übersehen, dass sich diese Bezeichnung auf Menschen zwischen 60 und 100 Jahren bezieht. Das käme der Vereinheitlichung aller Menschen zwischen Geburt und dem 40. Geburtstag gleich! Menschen gelten als „Alte", sobald sie sich im Ruhestand befinden. Wer als Freischaffender, Politiker, Kirchenmann oder Künstler noch „im Leben steht", wird von den „Alten" ausgenommen, selbst wenn er 75 Jahre oder älter ist. Sie genießen weiterhin volle Anerkennung, schaffen fürs Bruttosozialprodukt, werden herumgereicht, gefragt, interviewt, gestalten Politik und wohl niemand käme auf die Idee, sie ins Alters-Abseits zu schieben.

Schlagartig mit dem Rentenbescheid und der Pensionsurkunde sollte also das Denken und Wissen eingeschränkt sein? Es kann mit Sicherheit angenommen werden, dass das Gros der alten Menschen entschieden besser über die Sozialpolitik, Rentenreform und das Heimwesen Bescheid weiß als über das aktuelle Kinoprogramm. Sie wissen also auch, was ihnen möglicherweise bevorsteht.

Zum anderen: Alte Menschen leben, genau wie alle anderen Menschen, überwiegend in ihren eigenen Altersgruppen. Sie *erleben* das Altwerden bei anderen mit – oft stärker als ihr eigenes. Sie besuchen Altersgenossen in Heimen, lassen sich zum ehrenamtlichen Besuchsdienst einteilen – und viele Menschen, die selbst schon „in Rente" sind, haben noch ihre eigenen alten Eltern in diesen untergebracht. Sie kennen also die Realitäten, und sie sind in der Lage, diese realistisch einzuschätzen.

Eine Untersuchung des Instituts für Rechtsmedizin an der Berliner Charité über 130 Suizide von Menschen zwischen 65 und 95 Jahren, ergab laut FOCUS (September 2004), dass „fast alle Betroffen direkt oder indirekt mit einem Suizid ihrer Heimeinweisung zuvor kommenwollten. Sie hatten befürchtet, entmündigt und entrechtet zu werden." Der Studienleiter Peter Klostermann gab an, dass das entscheidende Motiv neben Depressionen, Altersdemenz und chronischen Schmerzen die Angst vor absoluter Hilflosigkeit und unwürdigem Weiterleben gewesen sei (Kipa 12. 09. 2004).

Nun hat inzwischen der Pflegebericht 2007 die potenziell Betroffenen erreicht – dank der Massenmedien, die stets auf der Suche nach Neuem und vor allem Spektakulärem sind. Letzteres haben sie in erheblichem Umfange finden können! Bei der problematischen Beschaffung dieses Pflegeberichtes erfuhren wir, dass er ausnahmsweise nicht ins Internet gestellt worden war, weil er zu viele negative Daten enthielt. Ob es zutrifft, ist nicht zu überprüfen – aber die Aufregung war groß ... und die Dementi folgten so schnell auf dem Fuße, dass einem nur einfallen konnte: „Getroffener Hund bellt."

Worum geht es in diesem Pflegebericht?

Im Abstand von jeweils drei Jahren haben laut Sozialgesetzbuch XI (im Folgenden SGB) der „Medizinische Dienst der Spitzenverbände der Krankenkassen e.V." (MDS) und der „Medizinische Dienst der Krankenversicherung" (MDK) zu berichten.

Der 1. Bericht stammt von November 2004 und legte Daten von rund 800 geprüften ambulanten Pflegediensten und stationären Pflegeeinrichtungen vor – die damals umfassendste Darstellung der Qualitätssituation in der Pflege.

Im August 2007 folgte der 2. Bericht. Er bezieht sich auf
— 3.736 Prüfungen im ambulanten Bereich mit
  ▨ 14.925 Pflegebedürftigen
  ▨ entsprechend 31 % der zugelassenen ambulanten Pflegedienste und
— 4.217 Prüfungen in stationären Pflegeeinrichtungen mit
  ▨ 24.648 Bewohnern
  ▨ entsprechend 41% der zugelassenen stationären Pflegeeinrichtungen.

Im Vorwort macht der Auftraggeber (MDS) darauf aufmerksam, dass „sie in den zurückliegenden drei Jahren erkennbare Anstrengungen unternommen (haben), um die Pflegequalität in den

Pflegeeinrichtungen weiter zu entwickeln. (...) Der Bericht zeigt aber auch, dass die Pflege nach wie vor ein Qualitätsproblem hat" (2007, S. 3).

Das ist stark untertrieben. Der Bericht ist in geradezu kalter Klarheit abgefasst. Die Formulierungen wiederholen sich. Interpretationen, die auf auch nur annähernd vorhandene Emotionen schließen ließen, haben die Autoren sich verkniffen. Und das ist gut so!

Während ich den Bericht las, fiel mir die sog. Heimkampagne der 70er Jahre ein, die sich mit Vehemenz und starker Emotionalität mit Jugendlichen in Heimerziehung (Fürsorgeerziehung und freiwillige Erziehungshilfe) befasste. Die Zustände waren teilweise skandalös – vergleichbar den heutigen Pflegeeinrichtungen ... und teilweise in identischer Trägerschaft! Die Heimerziehung wurde öffentlich skandalisiert. Die Heimkampagne begann in Hessen mit der „Befreiung" von Jugendlichen aus den Institutionen, erfasste die gesamte Jugendhilfepolitik und führte dazu, dass sich bis heute kaum jemand traut, auch nur ein positives Wort über „geschlossene Unterbringung" zu verlieren oder womöglich ein geschlossenes Heim zu eröffnen.

Diese Kinder und Jugendlichen von damals hatten jedoch den alten Pflegebedürftigen von heute gegenüber den Vorteil, fit und selbständig zu sein und Gebrauch davon zu machen: Sie rissen aus, sie hauten ab, sie gingen auf „Trebe" und bemühten sich mit allen Mitteln, nicht wieder eingefangen zu werden. Sie konnten sich entziehen! Das können alte, pflegebedürftige Menschen nicht mehr! Sie sind aufgrund ihres körperlichen und manchmal auch geistigen Zustandes „festgenagelt". Sie haben im wahrsten Sinne des Wortes „keinen Bewegungsspielraum" mehr.

Alte Menschen müssen ausharren. Sie müssen bleiben, bis sie vor Ort sterben. Nicht einmal Selbstmord können sie in einer solchen Einrichtung begehen – es fehlen ihnen dazu die Möglichkeiten, zumal wenn sie immobil sind. Krankenhäuser und Pflegeeinrichtungen sind darauf eingestellt, dass Patienten Medikamente in Verstecken zu horten versuchen. Nur gibt es solche Verstecke kaum für Menschen, die nicht mehr aufstehen können: unterm Kopfkissen? Im Nachttisch?

Alte Menschen töten sich vor einer Heimeinweisung auch deswegen, weil sie wissen, dass sie im Notfall im Heim diese Möglichkeit nicht mehr haben werden!

Auch unter diesem Fokus muss der Pflegebericht 2007 gelesen werden. Er umfasst 210 Seiten und ist eine Ansammlung von Daten, die einem jeden Mut aufs Altwerden nehmen. „Lieber tot als ins Heim" bekommt – fort von jeder Individualisierung des Selbstmords – ein gesellschaftspolitisches Gesicht.

Im Folgenden werde ich Daten aus dem Bericht zusammenfassen. In fast jedem Absatz, der Mängel benennt, wird darauf hingewiesen, dass gegenüber dem Pflegebericht 2004 Verbesserungen zu verzeichnen sind. Das ist nicht so erfreulich, wie der Bericht suggeriert, sondern macht den Skandal noch augenfälliger: Diese Mängel wurden bereits 2004 erkannt, benannt und *nur teilweise* behoben. Ein sozialpolitisch initiierter Pflegebericht ist kein Klippschulzeugnis, in dem der Lehrer den kleinen Schüler lobt, weil er nicht mehr 56 Fehler im Diktat hat, sondern nur noch 34 ... und wo aus pädagogischen Gründen darunter steht: „Weiter so!"

Der Pflegebericht 2007 listet folgende Mängel für den *stationären* Bereich auf:

1. „Die Vorgehensweise bei freiheitsbeschränkenden Maßnahmen entsprach bei 6,5 % der betroffenen Bewohner im 1. Hj. 2006 nicht den gesetzlichen Anforderungen" (S. 63).

   Im Klartext: 1.602 Personen (aufs Gesamt bezogen – N = 60.117 – waren es demnach 3.908 Personen) wurden „fixiert" ohne richterliche Genehmigung oder eigene Einwilligung. Beispiele sind: Hand- und Fußfixierungen / Bauchgurte, die nicht selbst zu lösen sind, Bettgitter, Festbinden am Stuhl, Fortnahme von Kleidung und Schuhen, Trickschlösser, psychischer Druck = Angstmachen, Psychopharmaka ohne oder gegen den Willen der Bewohner.

2. Bei „40,6 % der Personen fehlte eine der wesentlichsten Grundlagen für eine zielgerichtete *aktivierende* Pflege" (S. 64) (Hervorhebung – Sw.).

Im Klartext: Bei 10.007 (aufs Gesamt 24.400) Personen gab es keine Erfassung und Dokumentierung der beim alten Menschen vorhandenen Ressourcen. Insofern ist eine Aktivierung durch das Personal zumindest ganz erheblich erschwert! Sie ist eher dem Zufall überlassen.

3. „Bei 51,6 % der Personen fanden sich keine individuellen Pflegeziele. Ohne diese ist aber eine zielgerichtete und planvolle, an den individuellen Bedürfnissen des Bewohners ausgerichtete Pflege kaum umsetzbar" (S. 65).

    Im Klartext: Es wird „gepflegt", aber bei mehr als der Hälfte (12.718 bzw. 31.020) der Menschen offenbar ins Blaue hinein, ziellos, planlos: „Denn sie wissen nicht, warum sie es tun."

4. „Bei 43,2 % (10.648 bzw. 25.970) der Personen wurden keine handlungsleitenden Maßnahmen geplant" (S. 65).

    Im Klartext: Siehe Punkt 3.

5. „Bei 14,2 % der einbezogenen Bewohner war z. B. bei Sturzereignissen oder anderen kritischen Situationen eine Ursachenanalyse oder eine Information an den Hausarzt nicht feststellbar" (S. 65).

    Im Klartext: Bei 3.500 (aufs Gesamt 8.536) Pflegebedürftigen wurden außergewöhnliche Ereignisse, die sie gefährdeten, nicht adäquat wahrgenommen und beantwortet. Damit ist das Risiko nicht ausgeschaltet, sondern wird offenbar billigend auch für die Zukunft in Kauf genommen.

6. „Bei 36,5 % der Pflegedokumentationen fand *keine regelmäßige Überprüfung und Bewertung der Pflegeergebnisse* und keine entsprechend erforderliche Anpassung der Ziele und Maßnahmen statt" (S. 65).

    Im Klartext: Bei 8.997 (bzw. 21.943) Betroffenen wurde vermutlich nicht darauf geachtet, ob es überhaupt „Ergebnisse" bei der Pflege gab, und da darauf nicht geachtet wurde, konnten Ziele und Maßnahmen auch nicht „optimiert" bzw. modifiziert werden. (Die Einschränkungen ergeben sich daraus, dass die Ergebnisse nicht *dokumentiert* worden waren. Möglicherweise gab es sie ebenso wie die Neuformulierung von Zielen

..., aber dieser Aspekt scheint in der Pflege und ihrer Dokumentationspflicht dann keine besondere Rolle zu spielen!) Andererseits: Wo keine Pflegeziele benannt werden (s. Punkt 3.), können auch keine überprüft werden.

7. „Der größte Optimierungsbedarf besteht bei der Anpassung der Angebote der *sozialen Betreuung* auf die Bewohnerstruktur. (...) Bei 29,8 % der geprüften Pflegeeinrichtungen bestehen noch Verbesserungspotentiale. Das bedeutet, dass z. B. immobile Bewohner oder Bewohner mit dementiellen Erkrankungen kein Angebot an Leistungen der sozialen Betreuung erhielten" (S. 75).

Im Klartext: 7.345 (bzw. 17.915) Bewohner müssen darauf verzichten, neben der reinen Körperpflege an sozialen Aktivitäten der verschiedensten Art teilzunehmen. Pflegebedürftige, die keinen stetigen Kontakt mit Familienmitgliedern und Freunden haben, sind abgeschnitten von allem. Für sie gibt es kein soziales Umfeld mehr, das möglicherweise aus Ausfahrten, Spaziergängen, Spielen, Musikdarbietungen oder eigenem angeleitetem Tun bestehen könnte. Aber auch wenn Heime prinzipiell und *auf dem Papier* bzw. in der Konzeption „soziale Angebote" machen (96,1 %), werden diese Leistungen nur in 69,4 % der Fälle dokumentiert. Hier stellt sich die alte Frage nach Konzept und Realisierung.

8. „Bei 35,5 % der Personen bestanden Defizite", was die Dekubitusprophylaxe (Wundliegen) anbelangt. „Gemeint ist, dass ein Dekubitusrisiko nicht ermittelt oder nicht erkannt worden ist, dass keine prophylaktischen Maßnahmen geplant oder keine entsprechenden Hilfsmittel eingesetzt worden sind." Die „Verbesserungen (welche?) deuten darauf hin, dass nach einem mehrjährigen (!) Prozess" die Standards „allmählich (!) Eingang in die Praxis finden", (S. 66).

Im Klartext: Bei 8.750 (bzw. 21.342) Patienten wird fahrlässig und gleichgültig der körperliche Zustand alter Menschen gefährdet.

9. „Bei 15,5 % der Personen wurden Qualitätsdefizite festgestellt", was die Inkontinenzversorgung anbelangt, (S. 67).

Im Klartext: 3.820 (bzw. 9.318) alte pflegebedürftige Menschen waren nicht hinreichend sauber und trocken „gewindelt": Ob es sich bei diesen um Patienten mit der 3,8- bis 4,4-Liter-Windel handelt oder zusätzlich weitere Ungeheuerlichkeiten (z. B. 12 Stunden im eigenen Kot liegen lassen ...), ist nicht aufgegliedert. (Alte Menschen sollten pro Tag 3 Liter Flüssigkeit zu sich nehmen. Zwei Liter sind realistisch. Bei Unterversorgung – vgl. Punkt 10 – sind es vermutlich weniger. Ein Liter Flüssigkeit wird über die Haut ausgeschwitzt, verbleiben ein halber bis ein Liter. Somit kann die Maxi-Windel 3 – 5 Tage liegen bleiben und entsprechend kann Personal eingespart werden!)

10. „Bei 34,4 % der Personen wurden Mängel" im Hinblick auf Ernährung und Flüssigkeitsversorgung festgestellt. „Auch hier ist davon auszugehen, dass wichtige Probleme nicht erkannt oder dass erforderliche Maßnahmen nicht ergriffen wurden" (S. 66).

Im Klartext: 8.479 (bzw. 20.680) pflegebedürftige Menschen sind in der existenziellen Grundlage Essen und Trinken unterversorgt oder zumindest gefährdet! Dahinter steht einerseits die geringe Geldsumme für Ernährung (2 – 6 Euro pro Tag laut Fussek/Schober 2008, S. 379) und andererseits die mangelnde Zeit, die Patienten zu füttern. Dieser Mangel wird in vielen Fällen mit einer Dauer-Magensonde behoben. Aber auch andere Methoden stehen zur Verfügung: „Die Pflegefachkraft musste über den Gang in vier Zimmern zur gleichen Zeit zum Essenreichen sprinten. In jedem Zimmer lagen zwei Heimbewohner. Dort wurde jedem ein Bissen in den Mund geschoben und dann über den Gang gehechtet ..." (Fussek/Schober 2008, S. 41). „Keine Zeit, keine Geduld, Streit ums Füttern, also Schlauch" sei die Devise, schildert ein Mitarbeiter am 05. 09. 2007 bei „hart aber fair" die Situation.

Offenbar gibt es eine (fast) 100 %ige Erledigung der Pflichten nur in einem Bereich: der schriftlichen Dokumentation. Der Papierkram stimmt, alles Andere ist skandalös. Es mangelt am Eigentlichen: der Sorge für den abhängigen Menschen!

Die Folgen

Kaum war der Pflegebericht, der im Internet nicht zugänglich ist, erschienen, hagelte es Proteste von Seiten der *Betreiber*. Unisono erhob sich sowohl bei den privaten (und börsennotierten!) wie bei den kirchlichen Initiatoren Protestgeschrei. Die schlechten Einrichtungen seien Einzelfälle: die berühmten schwarzen Schafe. Kottnik, der Präsident des Diakonischen Werkes, betonte 2008 noch einmal, dass „einige wenige Skandale zu Unrecht die öffentliche Meinung prägten". Hervorgehoben wurde in den kirchlichen Medien die angeblich hohe Zufriedenheit der Angehörigen mit der Pflege ihrer Alten, die bei über 90 % läge. *Das* sei ausschlaggebend. Dass extrem Abhängige, die z. T. ohnehin extrem schlecht versorgt und gepflegt werden, und ihre Verwandten vor Angst lieber die mangelhaften Leistungen abnicken, dürfte *jedem* geläufig sein. Allerdings haben sich inzwischen (4/2008) „fast 90 % der Angehörigen für einen Pflege-TÜV mit neutralem Qualitätssiegel ausgesprochen. Die Heimkontrollen – so eine weitere Forderung – sollen jährlich und unangemeldet stattfinden und die Ergebnisse bekannt gegeben werden" (TNS-Emnid-Studie).

Gegen eine Veröffentlichung hat inzwischen „Der Paritätische" Klage vor dem Sozialgericht eingereicht. Die MDK-Berichte seien für Pflegebedürftige und ihre Angehörigen ungeeignet. Der neueste Bericht lese sich wie ein Totalverriss – während doch die Prüfungen in freundlicher Atmosphäre verliefen! (SN 4/2008). Demokratie beginnt mit Information und Informiertheit. Bei den Betreibern, die vor allem das wirtschaftliche Wachstum im Hinterkopf haben, scheint Demokratie so hochgradig geschäftsschädigend zu sein, dass sie sogar vor ein Sozialgericht gehen.

An der Forderung nach unangemeldeten Kontrollen scheiden sich die Geister. Die Betreiber laufen Sturm gegen diese „Zumutung" und versuchen, den Prüfinstanzen und Ministerien entsprechende „Vorschläge" und Vorschriften zu machen. (Entsprechende Dokumentationen finden sich bei Fussek und Schober 2008.)

Bemerkenswert in diesem Zusammenhang ist, dass 49,8 % aller Prüfungen des MDS angemeldet durchgeführt wurden (Pflegebericht 2007, S. 57). Wie würden die Ergebnisse bei einer 100 %igen Nichtanmeldung aussehen?

Der Pflegebericht hat nichts Neues erbracht – er brachte es nur in differenzierten Zahlen. Neun Monate nach der Veröffentlichung klagte die zuständige Gesundheitsministerin Ulla Schmidt in einer Talkshow: „220.000 alte Menschen sind nicht gut gepflegt." Keiner der Anwesenden fragte: „Und was werden Sie morgen früh in Ihrem Ministerium dagegen veranlassen?"

In ihrem Buch zur deutschen „Pflegemafia" stellen die Autoren 10 „Forderungen" für die Pflege auf. Die dritte lautet: „Wir fordern für alte Menschen die ebenso konsequente Anwendung der Bestimmungen, wie sie im Tierschutzgesetz festgelegt sind" (Fussek / Schober 2008, S. 382 f.).

„Sterne für die Pflege"

Weil sozialpolitische Probleme – zumal wenn sie besonders peinlich sind – Politiker stets zu schnellen Lösungen drängen, bevor die Ursachen sauber analysiert sind, erfolgten alsbald Vorschläge wie der folgende:

> ■ „Damit Senioren und ihre Familien Pflegeheime besser einschätzen können, sollen diese ähnlich wie Hotels mit Sternen bewertet werden. Das fordert die gesundheitspolitische Sprecherin der SPD im Bundestag, Carola Reimann, mit Unterstützung aus ihrer Fraktion. ‚Qualität muss erkennbar werden', begründet sie. ‚Sterne sind einfach und eingängig.' Bisher sei oft unklar, ob die Versorgung gut sei oder welche Ausstattung ein Haus habe. Sterne könnten die Prüfberichte über Heime ergänzen, die nach der Pflegereform regelmäßig veröffentlicht werden sollen." (Focus 51/2007, S. 15) ■

Wer diese Sterne vergeben soll, wer die Standards nach welchen Kriterien überprüfen soll und welche Folgen für die Heime, das Personal und vor allem die Pflegebedürftigen daraus entstehen, ist unklar.

Pflegebedürftige sind extrem Abhängige. Sie sind schnell einzuschüchtern – aber auch zu bestechen. Sie haben Angst vor den Folgen, den alltäglichen kleinen Versagungen und Strafen. Sie sind nicht zahlenden Hotelgästen gleichzustellen, die ein zweites Mal einfach nicht wiederkommen und draußen Negativreklame machen.

Alte und Pflegebedürftige sind in der permanenten Lage, als uneinsichtig, querulantenhaft und nicht mehr vollständig orientiert zu gelten. Das mag für manche zutreffen. Aber es besteht die Gefahr der Verallgemeinerung für diesen Personenkreis in ganz besonderer Weise. Jedes Vergessen, Verlegen und Versagen wird dem Alter zugeschrieben und kann schnell als Beleg für mangelnde Zurechnungsfähigkeit geltend gemacht werden.

Ein spezieller Pflegeheimskandal, der zur gleichen Zeit an die Öffentlichkeit geriet, zeigte alle diese Aspekte auf. Darüber hinaus wurde deutlich artikuliert, dass das Schließen von Heimen umso schwieriger ist, je mehr Plätze es aufweist: „Und wohin dann mit den Menschen?"

Bekannt ist, dass Zustände in Heimen allgemein und ganz besonders für den einzelnen Pflegebedürftigen in erster Linie von den häufig anwesenden und möglichst mitwirkenden Angehörigen korrigiert werden können. Diese sind es, die Beobachtungen machen, die Schäden und Fehler objektiv beurteilen und dokumentieren und dann auf Abhilfe dringen können. Nur sie werden ernst genommen – der alte Mensch im Bett, angewiesen, depressiv, ruhiggestellt, evtl. eingeschüchtert … hat alleine keine Durchsetzungskraft mehr. Nicht umsonst bettet ein Heim seine Bewohner im Keller, wenn und weil keine Angehörigen (mehr) kommen, und lässt die ganze Abteilung nach Urin stinken. Aber was geschieht, wenn Angehörige Kritik üben und nicht täglich anwesend sind?

„Lieber tot als ins Heim" – wie viele Selbstmorde alter Menschen mögen auf das Wissen um die Zustände in Einrichtungen zurückgehen, in denen sie für sehr viel Geld (regulär 2.500 bis 3.500 Euro und nach oben offen) versorgt und gepflegt (!) werden wollen, wenn sie es am Lebensabend nicht mehr alleine schaffen?

Was ist altes Leben noch wert? Sehr viel, wenn es um die „Monetik", sehr wenig, wenn es um die Ethik geht.

Auch unter diesem Eindruck, mit diesem Wissen und mit der Furcht vor dem, was kommt, mit der scheinbaren Sinnlosigkeit des Lebens und allen Einschränkungen, die in den „Komponenten" beschrieben wurden, töten alte Menschen sich: bilanzierend!

Lohnt es noch? – Der Bilanzselbstmord

„… War, wofür du entbrannt, Kampfes wert …?"

(Ricarda Huch)

„Was aber, wenn die Lebensbilanz negativ aussieht, wenn die Trauer über Verluste alles andere aufwiegt, wenn nichts bleibt außer Entbehrung und Verzicht, und wenn man auf einmal erkennen muss, dass man mit leeren Händen dasteht?"

(Schneider-Leßmann, 1995 in: Leidinger 2002, S. 84).

Über den Begriff „Bilanzselbstmord" wird in der Suizidliteratur ebenso gestritten wie über den Begriff „Freitod". Teilweise werden die beiden Begriffe miteinander vermengt, teilweise werden sie deckungsgleich verwendet. Zu beiden Begriffen bzw. Zuordnungen einer möglicherweise speziellen Form von Selbstmord gibt es konträre Beurteilungen: Der Mensch sei frei darin, sich das Leben zu nehmen, das unterscheide ihn im Wesentlichen vom Tier – contra: Nie ist der Mensch so unfrei, getrieben, eingeengt, wie wenn er seinen Selbstmord beschließt. Parallel dazu wird gefragt, ob das Individuum überhaupt in der Lage sei, eine objektive Bilanz über das eigene Leben zu ziehen – bis hin zur Aussage, dass es einen Bilanzselbstmord gar nicht geben könne. Im Grunde ist jeder Selbstmord eine Negativbilanz in die Zukunft hinein.

Diese Diskussion ist eine rein akademische. Sie ist oder gibt sich gerne philosophisch („Wie frei ist der Mensch?"). Sie wird auf Tagungen stunden- und tagelang und in der Literatur jahre-

und jahrzehntelang geführt. Oft entsteht der Eindruck, dass mit derartigen Disputen das Eigentliche ausgeklammert werden soll. Es lässt sich leichter feinsinnig über Freiheit nachdenken als darüber, wieso trotz Tausender Publikationen, Hunderter Psychiatrien, ungezählter Beratungsstellen und vielfältigster Forschungen der Selbstmord zu einer festen und unverrückbaren Größe in den jährlichen Statistiken gehört.

Meiner Erfahrung nach gibt es den Bilanzselbstmord sehr wohl. Dabei ist es zweitrangig, ob der Betreffende sein Leben *objektiv* zu bewerten in der Lage ist. (Auch Außenstehende dürften damit überfordert sein!) Wenn es um den Entschluss geht, das eigene Leben zu beenden, stehen ohnehin *subjektive* Bewertungen im Vordergrund.

Es gibt kein objektives, sondern nur ein subjektiv empfundenes Leiden. Was der eine Mensch als erträgliches Alleinsein bezeichnet, ist für den anderen unerträgliche Einsamkeit. Der eine ist in der Lage, den Verlust eines geliebten Menschen zu betrauern, der andere versinkt darüber in tiefe Depression. Der eine arrangiert sich mit Behinderung und Einschränkung, dem anderen ist es unmöglich, beschränkt und eingeengt zu leben. Der eine kompensiert seine altersbedingten Einschränkungen und sucht sich vollwertigen Ersatz für Verlorenes, der andere fokussiert seine Defizite und redet sie größer und umfangreicher, als sie sind.

Die Bilanz am (geplanten) Ende des Lebens bezieht die drei Zeitebenen in die Überlegungen ein:
— Was hatte ich, was konnte ich? – Vergangenheit
— Was habe ich, was kann ich noch? – Gegenwart
— Was werde ich haben, was werde ich noch können? – Zukunft

Dabei kann es zu zwei unterschiedlichen Bilanzierungen kommen:

Positivbilanz:
Im Mittelpunkt steht die Vergangenheit: Ich habe ein erfülltes, schönes, erfolgreiches Leben in Beruf, Familie und mit meinem inzwischen verstorbenen Partner gehabt. Alles, was kommen wird, kann nur schlechter ausfallen und die Gesamtlebensbilanz schmä-

lern. Ich „gehe" jetzt in dem Bewusstsein, ein gutes Leben geführt zu haben, das sich so nicht wird weiterführen lassen.

Diese Art Bilanz wird oft nach tief greifenden Einschnitten in das bisher positive Leben gezogen: Der geliebte Partner ist tot, eine schwerwiegende Krankheit (Alzheimer) ist diagnostiziert ... es kann nur schlechter werden! Diese Menschen sind meistens nicht lebensmüde, sondern lebenssatt.

Auch bei sog. hochaltrigen Menschen scheint es sich öfter um einen Bilanzselbstmord zu handeln. Jedenfalls berichten Angehörige in vielen Fällen, dass es keinerlei Anzeichen für eine Verzweiflungstat gab, jedoch ein „Bestellen des Hauses", wie es früher hieß: Der Alte ordnet seine Hinterlassenschaft, um den Erben die Arbeit zu ersparen und auch, damit nicht alles nur in den Müllcontainer geworfen wird.

Von alten Menschen wird dieses Verhalten ohnehin erwartet – jedenfalls befremdet es nicht. Irgendwann kommt der Tod ..., aber nicht unbedingt per Selbstmord.

Monika Bauer von der Arbeitsgemeinschaft für Altenarbeit in der EKD hat einen solchen „Fall" beschrieben. Ich gebe ihn leicht gekürzt wider:

Charlotte

„Charlotte habe ich persönlich gekannt. Sie war etwa 80 Jahre, als ich sie in einem Seminar kennen lernte. Sie wollte unter Menschen sein, die es wagten, sich selbst in Frage zu stellen, die kamen, um zu lernen und sich weiter zu entwickeln. (...) Sie wurde zum Vorbild für mich: so alt zu werden, so wach und teilnehmend, so beweglich und charmant, bezogen auf das Wesentliche.

Später begegnete ich Charlotte wieder – sie war jetzt über 90 Jahre. (...) Sie war etwas kleiner geworden, doch strahlte sie noch immer Interesse und Wärme aus, ergriff an den entscheidenden Stellen das Wort – und wurde für die Kursteilnehmenden zum geliebten Vorbild. (...) Im heißen Sommer 2003 beendete Charlotte ihr Leben. (...) Charlotte war nicht allein, viele waren bereit, ihr zu helfen, sie zu pflegen und zu begleiten und trotzdem hat sie ihre Selbsttötung lange geplant und minutiös vorbereitet. Bereits ein Jahr vorher hatte sie ihre Dinge geordnet, gefragt, wer etwas brauchen könne, vieles verschenkt oder einfach weitergegeben. Sie hatte ihre Todesanzeige aufgesetzt, ihr Grab gekauft, eine Einladung zu einem Gedenkgottesdienst an die Presse gegeben. Auch ihr Haushalt war wohl geordnet, selbst das Geschirr abgewaschen. Sie trank nichts mehr mit, als sie noch Besuch bekam an ihrem Todestag von einer Frau, die ihr nahestand – mit ihr war sie noch einmal auf den Berg gefahren – zum Sonnenuntergang. Charlotte ließ sich nicht aufhalten" (Bauer 2005, S. 32).

■ *Negativbilanz:*
Sie sieht primär die Zukunft negativ – *auch*, weil das gesamte Leben bisher als Missgriff, Misserfolg, Misslingen erlebt wird. Irgendwann – oft mit einem nicht erkennbaren Auslöser (vgl. Kap. „Auslöser") – ist „das Maß voll". Es wird aufgrund der bisherigen Erfahrungen nicht damit gerechnet, dass sich noch Grundlegendes zum Positiven ändern wird. Es wurde ggf. schon vieles erprobt: neue Partnerschaften, Umzüge, Stellenwechsel, Beratungen, Psychotherapien … und „nichts hat geholfen". Was also könnte in Zukunft noch helfen, dieses misslungene und ungeliebte Leben lebenswerter zu machen? Nichts! Im Gegenteil können schwere Erkrankung, Schlaganfall, Behinderung, Angewiesensein, Abhängigkeit und Heimeinweisung mit allen Furchtbarkeiten folgen.

Der deutsch-amerikanische Psychoanalytiker Erik H. Erikson, dem wir die grundlegenden Ausarbeitungen zur Identitätsentwicklung des Menschen verdanken, hat acht Entwicklungsstadien mit den ihm wesentlichen Identitätsmerkmalen verbunden. Die letzte Stufe – das „reife Erwachsenenalter" – versieht er mit dem Begriff der „Integrität". Sie sei „die Frucht" der vorangegangenen sieben Stadien und das Mittel „gegen Verzweiflung und Ekel" (Erikson 1973, S. 118):

■ Integrität „bedeutet die Annahme seines einen und einzigen Lebenszyklus und der Menschen, die in ihm notwendig da sein mussten und durch keine anderen ersetzt werden können. Er bedeutet eine neue, andere Liebe zu den Eltern, frei von dem Wunsch, sie möchten anders gewesen sein, als sie waren, und die Bejahung der Tatsache, dass man für das eigene Leben allein verantwortlich ist. Er enthält ein Gefühl von Kameradschaft zu den Männern und Frauen ferner Zeiten und Lebensformen, die Ordnungen und Dinge und Lehren schufen, welche die menschliche Würde und Liebe vermehrt haben. Obwohl ein Mensch, der Integrität besitzt, sich der Relativität der unterschiedlichen Lebensweisen bewusst ist, die dem menschlichen Streben Sinn verliehen haben, ist er bereit, die Würde seiner eigenen Lebensform gegen alle physischen und wirtschaftlichen Bedrohungen zu verteidigen. Denn er weiß, dass sein individuelles Leben die zufällige Koinzidenz nur eines Lebenskreises mit nur einem Segment der Geschichte ist; und dass für ihn alle menschliche Integrität mit dem einen Integritäts-Stil steht und fällt, an dem er teilhat" (Erikson 1979, S. 119). ▪

Hier beschreibt Erikson den Menschen, der zu sich selbst gefunden hat, der alle Ereignisse seines Lebens „integriert" hat – selbst wenn sie seinen Wünschen nicht entsprochen haben. Er bejaht sein Leben – auch in die Vergangenheit hinein.

Er sieht jedoch auch die Ausformungen einer nicht gelungenen Integrität:

▪ „Aber ich kann aus klinischer Erfahrung noch hinzufügen, dass Mangel oder Verlust dieser aufgespeicherten Ich-Integration sich in Verzweiflung und einer oft unbewussten Todesfurcht anzeigt: der eine einzige Lebenszyklus wird nicht als das Leben schlechthin bejaht; in der Verzweiflung drückt sich das Gefühl aus, dass die Zeit kurz, zu kurz für den Versuch ist, ein neues Leben zu beginnen, andere Wege zur Integrität einzuschlagen. Eine solche Verzweiflung versteckt sich oft hinter einer Kulisse von Ekel, Lebensüberdruss oder einer chronischen Verächtlichmachung bestimmter Institutionen oder bestimmter Leute – eine Kritik, die, wenn sie nicht mit konstruktiven Ideen und der Bereitschaft zum Mitwirken verbunden ist, nur die Selbstverachtung des Individuums ausdrückt" (a.a.O.). ▪

Er benennt sie nicht explizit – aber es ist die Grundhaltung und Grundgestimmtheit, die zum Selbstmord führen kann. Ekel, Lebensüberdruss und Selbstverachtung sind (neben anderen) die Elemente, die einem negativen Bilanzselbstmord zugrunde liegen. Die negative Einschätzung „bestimmter Institutionen oder Leute" resultiert dabei aus enttäuschten Erwartungen an andere, die nicht hinreichend gesorgt, gekümmert, geholfen, beraten, therapiert ... haben, während diese an die Eigenverantwortung und Selbsttätigkeit appellierten. Sie wird – verbunden mit dem Wissen über das Bild, das über Alte herrscht und überwiegend deprimierend ist – die Motivation abgeben für den letzten Schritt.

Das Lebensende nicht abwarten können

> „Ich bin ermüdt, ich hab geführt
> Die Tages Bürd:
> Es muss einst Abend werden.
> Erlös mich, Herr, spann aus den Pflug.
> Es ist genug!
> Nimm von mir die Beschwerden ..."
>
> (Anton Ulrich von Braunschweig, 1633–1714)

Scheinbar ohne (äußeren) Anlass und mit relativ wenig Einschränkungen töten „Hochaltrige" sich, bei denen dann gefragt wird, ob sie es nicht noch die kurze Zeit hätten abwarten können, die ihnen ohnehin nur noch blieb. „Stichhaltige" Erklärungen, die Außenstehenden einleuchten würden, können diese alten Menschen oft nicht geben, wenn sie gerettet wurden. In Abschiedsbriefen, falls sie sie hinterließen, deuten sie an, es sei nun genug! Der folgende Abschiedsbrief ist ein aussagefähiges Beispiel. Er stammt von Frau G., 74 Jahre alt und seit 18 Jahren verwitwet. Ihr einziger Sohn lebt mit seiner Familie weit entfernt. Es besteht ein loser Kontakt, der nicht ausreicht, um ihn über das tatsächliche Ergehen der alten Mutter informiert sein zu lassen. Frau G. hatte eine schwere Grippe, von der sie sich körperlich nicht erholen konnte. Alles fiel ihr schwer, sie war oft müde, ihre Versorgung ließ zu wünschen übrig. Sie tötete sich mit Tabletten und hinterließ einen Brief:

„Ihr Lieben, mein lieber Sohn!

Mein Leben hat lange genug gewährt. Es war ein gutes Leben an der Seite meines Mannes und mit Dir, meinem Sohn. Ich verabschiede mich jetzt von Euch allen. Sucht nicht nach verborgenen Gründen, es gibt keine. Ich möchte mein Leben so beenden, wie ich es gelebt habe, in Selbstentscheidung. Ich habe in den letzten Monaten sehr viel über meine Zukunft nachgedacht, konnte aber zu keinem befriedigenden Ergebnis mehr kommen. Ich weiß, dass Du, mein Hermann, für mich alles getan hättest, aber ich möchte nicht zu Euch ins Haus ziehen. Es wäre nicht gut für uns alle. Streit und Zwietracht blieben nicht aus. Alt und Jung gehören nicht zusammen. Ihr habt Euer eigenes Leben, und da würde ich nur stören. In ein Altersheim will ich auch nicht. Ich habe gelegentlich Frau A. dort besucht und habe mir gleichzeitig überlegt, ob ich mit ihr tauschen will. Ich will nicht. Ich will nicht abhängig sein von so vielen Menschen, die dann über mich zu bestimmen haben. Ihr wisst, dass ich geistig noch gesund bin. Für mich wäre es unvorstellbar, mich so bevormunden und entmündigen zu lassen. Ich will auch nicht als geistig Verwirrte anderen Menschen zur Last werden. Gerne habe ich noch so lange in meiner geliebten Wohnung gelebt. Aber nun geht es nicht mehr. Ich kann nicht für jeden Handgriff fremde Menschen bemühen und bezahlen, und es wird ja auch nicht besser mir meiner Hinfälligkeit. Ich habe mit meinen Leben abgeschlossen. Ich sterbe in Frieden mit mir und mit meinem Gott. Tragt es mir nicht nach. Es trifft Euch keine Schuld. Ich habe mich nach langem Überlegen ohne Trauer zu diesem Schritt entschlossen. Ich gehe nicht gerne, aber einmal muss es doch sein. Ich habe ein gutes Leben gehabt und werde heute einen guten Tod haben.

Ich grüße Euch alle in Liebe.
Eure Mutter und Erna."

Vom Bilanzselbstmord (vgl. zu diesem Kapitel den „Fall" Charlotte) könnten sich diese Selbsttötungen durch einen geringeren Grad an Reflexion und Planung unterscheiden, wobei für die Überlebenden diese Differenzierung nur bei intimer Kenntnis des anderen und einer differenzierten nachträglichen Recherche möglich wäre.

Bei der Betrachtung vieler Selbstmorde sehr alter Menschen scheint es bei ihnen zu so etwas wie einer Lebensermüdung gekommen zu sein – ausgelöst manchmal durch ein einschneidendes Ereignis, das eine Lebensumstellung nötig machen würde. Diese wird jedoch nicht mehr „geschafft", erst gar nicht in Angriff genommen. Die Kraft und die Initiative sind nicht mehr vorhanden. Es fehlt die Einsicht in die Notwendigkeit – und meistens fehlen auch die helfenden, zupackenden Hände, die aktive Hilfe von außen, das An-die-Hand-Nehmen, um die neue Situation zu bewältigen.

In diesem Sinne wurde der Selbstmordversuch von Herrn O. ausgelöst:

Allein und still

Herr O. war 82 Jahre alt, als er in seiner Wohnung von einem Nachbarn gefunden wurde. Im Krankenhaus wurde er entgiftet und stabilisiert und von dort aus sofort in einem Heim untergebracht. Es bestand die Gefahr, dass er zu Hause sofort einen erneuten Selbstmord versuchen würde. (Das trifft in der Regel zu, wenn sich an den Lebensumständen und Problemen inzwischen nichts geändert hat!) Herr O. war 53 Jahre verheiratet gewesen. Seine Frau – 10 Jahre jünger als er – hatte in der Ehe immer das Sagen. Im Laufe der Jahre wurde sie despotisch, kränkte ihn zunehmend und begann, ihn zu schlagen. Wenn er bei Tisch etwas verschüttete, schlug sie mit dem Löffel auf ihn ein. Herr O. wehrte sich nur wenig – für ihn waren die Verhaltensveränderungen seiner Frau eine „schleichende" Erfahrung.

Dem Umfeld fielen die deutlichen Wesensveränderungen der alten Frau auf, als alle zusammen die goldene Hochzeit des Paares feierten. Frau O. war zerfahren, hektisch, schrie ab und zu ihre Gäste an, schien nichts mehr im Griff zu haben und war keinem Zuspruch zugänglich. Herr O. versuchte stets, die Wogen zu glätten, seine Frau zu beruhigen und der Feier doch noch etwas Glanz zu verleihen.

Die Tochter des alten Paares – 300 km entfernt wohnend und berufstätig – hatte ab diesem Zeitpunkt ein Auge auf die beiden. Als sie sah, wie sehr ihr Vater zunehmend unter den Attacken seiner Frau litt, betrieb sie hinter dem Rücken der Mutter deren Heimunterbringung. Der Vater wollte auf keinen Fall ins Heim, auf alle Fälle aber nicht zusammen mit seiner Frau.

Als er nur noch alleine war, wurde es sehr still um ihn. Seine Tochter sah ihre Aufgabe als erfüllt an und kam nicht mehr. Ab und zu fuhr er zu seiner Frau ins Heim, kam jedoch jedes Mal körperlich und seelisch „kaputt" wieder zu Hause an. Zeitweise erkannte sie ihn nicht, zeitweise schimpfte sie mit ihm. Herr O. konnte sich einigermaßen versorgen. Er war früher Handwerker gewesen, und in den letzten Jahren hatte er zunehmend den Haushalt übernommen, den seine Frau nicht mehr schaffte.

Aber in seinem Leben gab es nichts mehr – außer sich selbst zu versorgen! Kein Hobby, die Frau fort, die Tochter desinteressiert, Freunde schon verstorben. Ab und zu wurde er noch beim Spazierengehen gesehen – und eines Tages nahm er eine Überdosis angesammelter Medikamente. Sein Leben hielt für ihn keine Aufgaben mehr bereit, hatte für ihn jeden Sinn verloren, und das Warten auf den Tod wurde ihm zu lang.

Herr O. war im Heim apathisch. Er aß wenig, bewegte sich kaum und drei Wochen nach der Aufnahme starb er ... von alleine. Er hatte nicht mehr leben wollen und die Überdosis an Medikamenten hatte den alten Körper zusätzlich geschwächt.

Die Frage nach dem „Wozu noch?" stellen ältere Menschen jeder Altersstufe. Sie ist immer Ausdruck einer Sinnkrise und wird meistens gestellt, wenn irgendein Element aus dem Leben herausgebrochen wurde. Bei jüngeren Menschen stellt sie sich ebenso – aber für sie geht das Leben, oft mit Hilfe von Außen, auf einer anderen Ebene weiter. Es gibt noch Ziele, Aufgaben und Verantwortungen. Für alte Menschen gibt es diese oft nicht mehr. Ihr Alltag besteht daraus, sich selbst am Leben zu erhalten – und das ist ihnen irgendwann nicht mehr genug. Sie haben für die Umwelt keinen Wert mehr. Ihnen werden keine Aufgaben erteilt, ihnen wird nichts mehr zugemutet und nichts mehr zugetraut. Sie werden gar nicht erst gefragt – sie sind nicht mehr gefragt.

Vom Unwert alten Lebens

„Alt werden an und für sich ist bei uns noch erlaubt,
nur man sieht's nicht gerne."

(Dieter Hildebrandt, deutscher Kabarettist)

Wie sehr am Ende des Lebens über die Menschen verfügt wird und welche Folgen die Entmündigung haben kann, macht ein „Fall" deutlich, über den 2007 die Zeitungen berichteten. Auch er ist das Ergebnis einer Bilanz:

Mitnahmeselbstmord
Ein Ehepaar, beide über 80 Jahre alt und seit über 50 Jahren verheiratet, wird tot in seinem Haus aufgefunden. Es wird recherchiert und festgestellt: Der Mann hatte seine Ehefrau zehn Jahre lang daheim gepflegt. Dann war angeordnet worden, die alte Dame in einem Pflegeheim unterzubringen. Bevor es so weit war, tötete der Mann erst seine Frau und dann sich selbst. Im Dorf sei man „sprachlos" gewesen, berichten die Medien.

Vielleicht hätte man sich – zur Vermeidung ähnlicher „Fälle" – Fragen stellen sollen?
— Wer war der Initiator der Unterbringung?
— Geschah dieses nach Absprache und Einwilligung der beiden Alten oder über ihren Kopf hinweg?
— Warum wurden nicht ambulante Hilfen zur Verfügung gestellt, wenn die Pflege des alten Mannes als nicht ausreichend angesehen wurde?

— Warum sollte das Ehepaar getrennt werden: sie ins Heim, er zu Hause verbleibend? Wäre eine gemeinsame Unterbringung zu teuer geworden?

— Welche Pläne bestanden für den alten Mann, dem man nach über 50 Jahren Ehe und nach 10 Jahren aufopferungsvoller Pflege die Gefährtin und die Lebensaufgabe nahm?

Umfassender gefragt: Wie wird mit alten Menschen umgegangen, die 70, 80 oder mehr Jahre verantwortungsvoll gelebt haben? Wer setzt sich über ihre letzten Möglichkeiten und Wünsche hinweg – und warum? Wieso gibt es keine sensibleren Lösungen? Wurde nur wieder nach den Interessen der öffentlichen Kasse entschieden?

Alte ziehen die Konsequenzen aus dieser Missachtung: Sie gehen – so oder so! Es muss nicht immer Selbstmord sein.

Gemeinsame Beerdigung

Als Lina R. stirbt, 83 Jahre alt und dennoch zu diesem Zeitpunkt „unerwartet", richten die Anverwandten die Beerdigung aus. Ihr gleichaltriger Mann hat nur eine Sorge: Für zwei Tage später hat er einen lange anstehenden Termin im Krankenhaus. Es soll eine Kleinigkeit operiert werden, die aber auch noch warten könnte. Natürlich will er bei der Beerdigung seiner Frau anwesend sein. Aber die Verwandten drängen auf Einhaltung des Termins und fahren ihn gegen seinen Willen in die Klinik. Die Beerdigung soll ohne ihn stattfinden. Herr R. wacht aus der Narkose nicht mehr auf. Er hat sich auf diese Weise seinen Wunsch erfüllt: Er ist bei der Beerdigung seiner Frau anwesend, mit der er fast 60 Jahre verheiratet war.

Die Verwandten sind zunächst schockiert, ein wenig schuldbewusst, aber letztlich doch zufrieden. Ein Problem – wohin mit dem Vater – hat sich von alleine gelöst. Das alte Haus wird verkauft, das Erbe geteilt, das Leben geht weiter! In der Dorfgemeinschaft ist man ambivalent: „Er wollte bei seiner Lina bleiben, es ist gut so" – aber auch: „Wieso hat man ihm nicht seinen Wunsch erfüllt?"

Diese Art „Fälle" dürften ganze Bücher füllen. Sie zeugen von einer Missachtung alten Menschen gegenüber, die sich nur erklären lässt aus einem materialistischen Menschenbild: Lohnt es noch? Taugt er noch? Was bringt er? Was könnte er noch kosten? Wie sieht seine Bilanz aus? … Und wenn er sich selbst tötet, wollte er es so. Er hat sich frei entschieden. Niemand hat ihn gezwungen.

Selbstmord gilt noch immer als ein individueller Entschluss, bei dem sich sowohl Verwandte als auch die Sozialpolitik die Hände in Unschuld waschen.

Fragwürdige Ehrenrettung – oder: Nie waren wir so wertvoll wie heute!

„Ökonomische Gründe können nicht nur zu einer ungewollten Lebensverkürzung, sondern umgekehrt auch zu einer ungewollten Lebensverlängerung führen. Ist doch der schwer kranke, nahe dem Lebensende befindliche Patient als ‚Kunde' einer der weltweit am stärksten prosperierenden Wirtschaftszweige ein begehrtes Objekt."

(Leserbrief von Hans Wedler, Arzt und Psychotherapeut an „Mabuse" Nr. 166/2007, S. 6)

Zwischen „unnütz, desolat und teuer" und „Luxussenioren auf Kreuzfahrtschiffen" schien es bis vor einiger Zeit nichts zu geben. Die Medien haben diese Auffassung hinreichend bedient oder überhaupt erst geschaffen. Gekennzeichnet wurden damit allenfalls die alten Menschen an den beiden Enden der Skala: jeweils etwa eine Million. Die 18 Millionen dazwischen waren keiner Beachtung wert, bis der Altbundespräsident Roman Herzog Panik vor der „Rentnerdemokratie" zu erzeugen versuchte: die Macht von 20 Millionen Menschen!

Aber ziemlich unbemerkt von der Allgemeinheit bekommen die Alten („50 plus!") plötzlich eine herausragende Bedeutung. Sie sind eine „Wirtschaftsmacht"! 20–30 Millionen Konsumenten, deren Kaufkraft zwar immer vorhanden war, die aber nicht gewürdigt und angemessen umworben wurde.

Und alle Alten wollen nur eines: Geld! Renten und Pensionen – gnadenlos, rücksichtslos, ausbeuterisch. Noch während ich darüber grübelte, was daran so entsetzlich sei – schließlich verbrennen die Alten das kostbare Geld der Kinder nicht im Kamin, sondern führen es der Wirtschaft zu (in sehr hohem Maße über die lebenslange Alimentierung ihrer Kinder und Enkel!) –, gelange ich durch „Zufall" an ein Altersthema. „Seniorenmarketing"! Reidls Buch dazu trägt den Untertitel: „Mit älteren Zielgruppen neue Märkte erschließen." Man könnte auch fragen: „Wie ziehe ich alten Leuten ihr Geld am geschicktesten aus dem Portemonnaie?" Aber möglicherweise trägt dieses Thema nicht nur zur Ehrenrettung bei, sondern sogar zu unserer Lebensrettung?

Nach all der Tristesse scheint sich ein Sonnenstrahl auf „die Alten" zu legen!

Im Gespräch mit einer Vortragenden, die diesen Ansatz gerade vor 140 Alten dargelegt hatte, wende ich ein, dass Alte nur so lange bei Laune gehalten würden, bis sie ins Heim kämen und ihnen damit das Geld ausgehen würde. Aber ich liege auch dort falsch: „Sie irren", sagt sie, „der Pflegemarkt ist ein Milliardengeschäft!" In der Tat – es gibt inzwischen börsennotierte Pflegeanbieter, also Aktiengesellschaften: ein lohnender Markt. „30 Millionen neue Konsumenten. Und kaum jemand sieht sie", textet ein „Reifenetzwerk", das sich der Wirtschaft andient als „Branchenführer für den Reifemarkt". Die „neuen" sind eigentlich die „alten" Konsumenten. Neu ist nur, „dass es nicht darum geht, die Älteren zu verführen, ihr Geld auszugeben – dies tun sie ja ohnehin –, sondern es geht um die Frage, wofür sie ihr Geld ausgeben und wie ich mit cleveren Marketingmaßnahmen und richtigen Strategien die Generationen 50, 60, 70 und 80 plus von unseren Produkten und Dienstleistungen überzeugen kann" (Reidl 2007, S. 13). „Der ‚Wettbewerb als Entdeckungsverfahren' wird nicht nur innovative Produkt-Markt-Kombinationen hervorbringen, sondern auch die Präferenzen der Seniorinnen und Senioren weiter aufdecken und zu einer Ausdifferenzierung und Vergrößerung des Seniorenmarktes führen – ein Win-Win-Szenario für Unternehmen und die ältere Generation", schreiben Schaible u. a. 2007 in ihrem Bericht „Wirtschaftsmotor Alter", der vom Bundesministerium für Familie und *Senioren* in Auftrag gegeben wurde.

Im Folgenden beschränke ich mich auf Zahlen und Zitate aus Reidl. Sie sprechen eine Sprache fernab jeglicher Defizit- und Depressionsdiskussion.

— „Die Konsum- und Dienstleistungswelt wird für fitte 53-Jährige (…) genauso zugänglich sein müssen wie für wackelige 85-Jährige" (S. 13).

— „Bereits heute werden jährlich 1,3 Milliarden Inkontinenzwindeln für Erwachsene verkauft. (…) Bei den Menschen über 75 sind 40 % inkontinent. Positiv für das Unternehmen ist die Tatsache, dass die durchschnittliche Lebenserwartung in Deutschland im Jahr 2015 bei 83,5 Jahren liegen wird" (S. 33).

— Die Bandbreite der Zielgruppe „reicht von der konservativen Dame im Chanel-Kostüm bis zum rockenden Rentner auf der Harley-Davidson" (S. 42).

— „Die Generation der 50- bis 80-Jährigen ist in Deutschland die reichste" (S. 42) (Dass sich das Einkommen mit 65 z.T. auf 50 % reduziert und dass es sich hierbei wieder um ein fatales „statistisches Mittel" handelt, sei nur nebenbei bemerkt. 400.000 Altersarme – Tendenz steigend – sprechen eine deutliche Sprache.)

— Die älteren Konsumenten werden unterschieden in vier Typen: „Trendblocker, Trendaccepter, Trendsetter, Trendjumper". Die ersten beiden Gruppen nehmen ab, die zweiten zu!

— „Grauhaarige Models warben früher, wenn überhaupt, nur für Rheumadecken oder Hörgeräte." Heute „schmeichelt Hugo Boss der Seele der angegrauten Männer" und Dove hat sich vom Anti-Aging zum Pro-Aging gemausert, „weil Schönheit kein Alter kennt" (S. 57 f).

— „Erfolgreiche Werbung für Ältere bedient sich einer einfachen Sprache" (S. 84). (Kein Kommentar!)

— „Besonders interessant wird die Generation 80 plus in ein paar Jahren. (…) Dies wird ein interessantes Jahr für das Marketing sein, denn dann stellt sich die Frage (…): Fahren sie mit 80 immer noch eine Harley …?" (S. 88).

– Der Autor schlägt dann einen Bogen hin zu einer anderen Realität ... und zum Thema dieses Buches: „Auch die Alterskrankheiten will ich nicht verheimlichen: Krankheiten wie Depression, Osteoporose, Diabetes, Schlaganfall, Parkinson oder Demenz. *Hier tun sich milliardenschwere Gesundheitsmärkte auf*" (S. 89).

... wofür es aber nötig wäre, dass diese Depressiven, Schmerzgeplagten und Dementen über das entsprechende Einkommen verfügen, dass dieses nicht von stationärer Pflege eingezogen wird und vor allem: dass die alten Kranken am Leben bleiben!

Vielleicht liegt in unserer Wirtschaftsmacht unsere Überlebenschance? Wenn wir Alten schon nicht ob unseres Alters verehrt, ob unserer Erziehungsleistungen geliebt, ob unseres 45-jährigen Arbeitens für das Bruttosozialprodukt und die Renten unserer Eltern und Großeltern Achtung entgegengebracht wird, werden wir wenigstens von der Wirtschaft umworben: „Die Alten sind die Zukunft für Wirtschaft und Gesellschaft" (S. 30).

Unsere „altruistische" Pflicht (vgl. Kap. „Von Athabasken, Tschuktschen und dem altruistischen Selbstmord") wäre demnach nicht, entsprechend dezenter Aufforderungen vorzeitig Abschied zu nehmen, sondern munter zu konsumieren! „Wertschätzung geschieht durch Wertschöpfung", hat mich ein Wirtschaftsbeauftragter belehrt. Früher nannte man das: „Haste was, dann biste was"! Die Schlussfolgerung, dass Alte u. U. „nichts" sind, weil sie nicht mehr wertschöpfen, entfällt, betrachtet man das Motto dieses Kapitels und diverse Zitate bis hin zur Börsenreife der ausgebeuteten Pflegebedürftigen!

Selbst die Holzklasse der Pflegeheime profitiert noch und das „gehobene Senioren-Wohnen", bei dem jeder Handgriff in stattlichen Eurobeträgen abgerechnet wird, dürfte sich in Anbetracht der „strukturellen Entwicklung" zu einer Goldgrube mausern. Die überaus rege Bautätigkeit zur Vermehrung von Alten- und Pflegeheimen, das Aufkaufen und Umbauen von insolventen Hotels und die internen Anmerkungen im kirchlich-karitativen Bereich, man wolle sich von den weniger lukrativen Sozialbereichen verabschieden und in Zukunft nur noch in Kindergärten und Pflegeheime investieren, spricht eine deutliche Sprache: die Sprache des Profits!

Nie waren wir so wertvoll wie heute! 20 Millionen Alte über 60 sind 20 Millionen wertvolle Konsumenten. Vielleicht hebt diese Tatsache unser Selbstwertgefühl und lässt uns faktisch und sinnbildlich auf die Barrikaden gehen, wenn mal wieder von uns „verständigen" Alten das „sozialverträgliche Frühableben" gefordert wird.

Zur Illustration: Fremdbild II

Zukunftsmarkt Senioren
50+ als Wirtschaftsmacht
Seniorenmarketing
Generation Silber (Haar oder Geld?)
Best Ager
Master-Consumers
Busy-fit-Oldies
Generation Silver Sex (Haar oder Geld?)
Woopies (well-off older people)
Senior-Scout-Lifestyle
Oldies but Goldies
pro age
Premiumkäufer
Senior-Citizen
Der Megamarkt der Zukunft sind die Menschen im dritten Lebensabschnitt
PEGGI (Persönlichkeit – Erfahrung – Geschmack – Geld – Interessen)
Belle Epoque
Silver Economy

Selbstbild: „Morgens und abends zu lesen"

Aber wir Alten haben außer unserer Kaufkraft, die uns zu einer umworbenen „Wirtschaftsmacht" anwachsen ließ, noch viel mehr zu bieten – und das betrifft das, was das Sozialwesen jenseits des Konsums ausmacht. Es ist – oder sollte sein – unser Selbstbild, frei nach Bert Brecht morgens und abends vor dem Spiegel aufzusagen!

Und selbst, wenn wir nichts mehr „bieten" können (außer dass wir in Pflegeheimen lukrative Arbeitsbeschaffer sind!), sind wir Menschen, die in sich und als solche ihren Wert haben – ob als Ebenbild Gottes oder unter dem humanitären Aspekt: Niemand darf einen Menschen töten und niemand darf ihn in den Selbstmord treiben. Wenn wir diesen Maßstab aufgeben, reißen wir Breschen in einen schützenden Deich und geben das Hinterland preis:

Ohne uns Alte – keine kostenlosen Babysitterdienste für die Enkel

Ohne uns Alte – keine karitativen Besuchsdienste in den Gemeinden

Ohne uns Alte – kein Ehrenamt in Vereinen, Verbänden, Kirchen, für Kinder, Jugendliche und Familien

Ohne uns Alte – keine Finanzierung der Zweitausbildung/des Zweitstudiums für die „Kinder", um deren Berufschancen zu erhöhen

Ohne uns Alte – kaum Bausparverträge und Immobilienübertragungen an Kinder und Enkel zu deren Zukunftssicherung

Ohne uns Alte – keine Alten- und Pflegeheime ..., also kein entsprechendes Personal, also Hunderttausende an „freigesetzten" Arbeitskräften

Ohne uns Alte – keine ehrenamtliche Mitarbeit in Alten- und Pflegeheimen, ohne die die Heime den Betrieb einstellen müssten

Ohne uns Alte – leere Kirchen, halbleere Volkshochschulen, halbleere Erwachsenenbildungshäuser

Ohne uns Alte – keine kostenlosen Betreuungsangebote in Krankenhäusern

Ohne uns Alte – keine Weitergabe von Traditionen, Erfahrungen, Techniken ...

Ohne uns Alte – sehr viel weniger Zeit, Liebe, Sorgfalt, Bildung für die Enkel

Ohne uns Alte – jährlich mehr als 320 Milliarden ¤ weniger an Konsumausgaben, also Wirtschaftseinbrüche, Personalentlassungen auf *allen* Ebenen

Ohne uns Alte – rd. 10 Millionen leer stehende Wohnungen und Häuser

Ohne uns Alte – erheblich geringere Steuereinnahmen für den Staat (Pensionen werden voll besteuert, Renten teilweise), noch weniger Kirchensteuer, noch weniger „Soli"

Ohne uns Alte – keine Alter(n)svorbilder mehr, d. h. noch mehr Angst vor dem Alter(n)

Ohne uns Alte – kein gesundes Generationenverhältnis

Ohne uns Alte – keine Hoffnung für die mittlere Generation auf die Früchte ihrer Arbeit nach Berufsende

Ohne uns Alte – keine positiven Identifikationsfiguren für die dritte Lebensphase.

IV.
Perspektiven

Leben – aber nicht so

Wer langjährige Erfahrung in der Arbeit mit Selbstmordpatienten hat, weiß, dass viele dieser Menschen eigentlich nicht sterben wollen. In der Art und dem Ausmaß der Selbstschädigung wird oft deutlich: Es ist nur ein „Versuch". Möglicherweise entspricht er einem „Probeverhalten", einer Annäherung (Kann ich es, will ich es wirklich? Wie macht man es? Wie fühlt es sich an?). Häufig ist es ein Signal nach außen: ein Ruf um Beachtung der erlebten Not, eine Bitte um Hilfe, eine Warnung („bis hierher und nicht weiter"), auch eine Erpressung („wenn du nicht ..., dann ..."). Bei alten Menschen nimmt diese Verhaltensweise eher ab. Sie haben bereits resigniert. Aber lieber würden sie weiterleben: anders!

Im Hintergrund steht immer das Empfinden der Ausweglosigkeit. Dieses Nicht-mehr-weiter-Wissen ist subjektiv. Es ist der Ausdruck der Einengung, die Erwin Ringel in dem von ihm zusammengestellten „präsuizidalen Syndrom" beschreibt. Menschen, die nicht mehr weiter können, sehen im Selbstmord den einzigen Ausweg, weil alle anderen Wege blockiert scheinen, sie sie nicht kennen oder weil sie sie nur mit Hilfe anderer finden und gehen könnten. Selbstmord ist ein Ausdruck von: *So* geht es nicht mehr. *So* wie bisher und wie derzeit will und kann ich nicht mehr weiterleben. *Anders* wäre es vielleicht möglich, vielleicht sogar wünschenswert – aber wo und wie finde ich das „Anders", die Alternative, den Ausweg, die Lösung?

Luuka nennt es „das tragische Missverständnis beim Suizid": „Die Situation ist unerträglich. Aus dieser Situation möchte er (*muss* er, weil er es so nicht mehr aushält) aussteigen. Radikal. Aber – und das ist die Tragik – er steigt nicht aus der Situation aus, sondern aus seinem Körper" (Luuka 1989, S. 112).

Bei der Analyse von Selbstmord„fällen" und dem Absehen von offiziellen Diagnosen, die i. d. R. psychiatrischer Natur sind, zeigen sich häufig die Schwachstellen im Dasein dieser Menschen, die den Entschluss zur Selbstbeendigung des Lebens reifen ließen. Um sie zu erkennen, müssen einerseits die Aussagen der Betroffenen ernst genommen und andererseits die einseitigen Zuschreibungen von „Ursachen" erheblich erweitert werden. „Depression" ist meistens nur (falls sie überhaupt vorliegt) der Endpunkt einer Entwicklung. Sie hat zahlreiche Verursachungsstränge, die, im Sinne einer Depressions- und Suizidalitätsprophylaxe gesehen, beeinflusst und ggf. gekappt werden können (vgl. Kap. „Komponenten").

Wir müssen – wenn Selbstmorde bei alten Menschen verhütet werden sollen – weiter zurückgehen. Wir müssen hinter die einfachen Deutungen (Diagnosen) blicken, d. h., dass eine Selbstmordprophylaxe immer eine Depressionsprophylaxe sein muss. Eine Depressionsprophylaxe ist eng gekoppelt an psychosoziale und sozioökologische Lebensbedingungen – und diese sind beeinflussbar, wenn sie erst einmal als suizidogen erkannt sind und *wenn der Erhaltung des Lebens alter Menschen ein hoher (sozial-) politischer Stellenwert beigemessen wird.* Die Frage muss immer sein: Mit welcher und wessen Hilfe kann der Mensch aus der Situation aussteigen, damit er nicht aus dem Leben aussteigen muss?

„Aus der Situation aussteigen" bedeutet, eine andere Situation zu schaffen, die dem Suizidgefährdeten das Leben wieder lebenswert macht. Er selber kann es häufig aufgrund der depressiven Einengung nicht (mehr), weil ihm psycho- und soziogen die Sicht versperrt ist. Wenn Außenstehende auf einen Gefährdeten treffen, muss die zentrale Frage lauten: „Unter welchen veränderten/verbesserten Bedingungen möchte und könnte dieser Mensch weiterleben?"

Speziell für alte Menschen muss gelten: Sie benötigen Hilfe(n) zum Leben und nicht zu einem vorzeitigen, von außen akzeptierten oder sogar geförderten Sterben, zu dem sie eigentlich noch gar nicht bereit wären, wenn es lebenswerte Alternativen gäbe.

Welchen Tod möchte der Mensch sterben?

Nach allem, was wir über das Selbstmordgeschehen wissen, können wir sagen: So gut wie kein Mensch *wünscht* sich ein Sterben von eigener Hand oder plant einen Selbstmord ohne Not über viele Jahre – wenngleich es viele Menschen mit Nietzsche halten, der gesagt haben soll, dass er das Leben nur mit dem Wissen aushalte, es jederzeit selbst beenden zu können.

Befragt nach den Wunschvorstellungen vom eigenen Sterben geben fast alle Menschen an, sie wünschten zu Hause zu sein, umgeben von lieben, vertrauten Menschen, die sie bis zur letzten Minute nicht verlassen.

Diese Sterbesituation würde ein relativ undramatisches Ende erfordern – ein so weit wie möglich selbstbestimmtes Leben im Kreis von Familie oder Freunden und danach eine nicht zu lange und nicht zu pflegeaufwändige akute Krankheit, die absehbar in kurzer Zeit zum Tode führt.

Zu diesem Arrangement gehört ein Hausarzt, der sich intensiv kümmert, der um das Leben, das Kranksein und das Sterben dieses Patienten weiß und die Gelassenheit aufbringt, den Tod kommen zu sehen, ohne in Aktionismus auszubrechen. Dieser besteht i. d. R. daraus, den Angehörigen etwas vorzumachen („Besserung"!) und den Sterbenden per Notarzt und/oder mit Krankenwagen in das nächste Krankenhaus einzuweisen.

Nicht selten wird aus dieser Aktion ein Sterbetourismus: Im Krankenhaus wird eine Notfallbehandlung vorgenommen, der Kreislauf noch einmal stabilisiert, Sauerstoff zugeführt, ggf. eine Infusion gelegt – und dann wird der immer noch Sterbende per Krankenwagen wieder nach Hause gebracht.

Familienangehörige, die ohne den Beistand eines schnell erreichbaren, kompetenten und beruhigenden Hausarztes dem Sterben eines geliebten Menschen zuschauen müssen, sind mit dieser Situation schnell überfordert. Sie fürchten, dem Geschehen nicht gewachsen zu sein. Sie haben Angst, Fehler zu machen, etwas Wichtiges zu übersehen. Wenn sie nicht exakt angeleitet wurden (z.B. Sauerstoffgabe und systematische Verabreichung von

Schmerzmitteln), haben sie auch die Angst, den Sterbenden zu sehr leiden zu lassen. Einen Menschen ersticken zu sehen, ohne aktiv Abhilfe schaffen zu können, hält niemand aus. Im Krankenhaus erledigen penibel eingestellte Maschinen die Aufgabe der Beatmung, u. U. mit der Folge, dass sich dann niemand mehr traut, diese abzuschalten, wenn es angeraten erschiene.

Dem Hausarzt käme im Falle eines ruhigen Sterbens daheim die Aufgabe zu, die Angehörigen anzuleiten, für sie telefonisch jederzeit erreichbar zu sein, wenn Fragen auftreten, und – egal zu welcher Uhrzeit – zu kommen, wenn niemand mehr weiterweiß.

In Anbetracht der Lebenssituation alter Menschen scheint dieses Szenarium, scheinen diese Wunschvorstellungen von einem ruhigen, begleiteten Sterben daheim weit entfernt von aller Realität. Rund 40 % aller alten Menschen, die nicht in stationären Einrichtungen leben, leben alleine, versorgen sich alleine, stehen Krankheiten alleine durch, haben keine oder nur sehr wenige Kontakte innerhalb ihrer Wohngegend, ihrer Mietshäuser und ihrer Trabantenstädte. Von Hausärzten ganz abgesehen! Wo es sie im Prinzip noch gibt, „funktionieren" ihre Dienste nicht mehr im Sinne des alten Hausarztprinzips – es sei denn, sie gehören zu den großen Idealisten ihres Berufsstandes, die im Zentrum ihres Denkens und Handelns den kranken, angewiesenen Menschen sehen: rund um die Uhr und sieben Tage pro Woche. In (Groß-) Städten weigern sich viele Ärzte, Hausbesuche zu machen, weil die Parkplatzsuche zu viel Zeit in Anspruch nimmt. Darüber hinaus klagen Ärzte, dass Hausbesuche im Hinblick auf die anzusetzende Zeit sehr schlecht bezahlt werden. Selbst auf dem Lande sind Hausbesuche abends und an den Wochenenden nicht mehr üblich. Es laufen die Anrufbeantworter, die auf die zuständige Notrufnummer hinweisen, und mit diesen erreicht man als Patient nicht nur fremde Ärzte – nicht selten junge, unerfahrene oder „fachfremde", die so wenig über manche Krankheitsbilder informiert sind, dass sie ohnehin nur eines tun können: die Krankenhauseinweisung veranlassen –, sondern sie kommen von weit her, brauchen entsprechend lange, haben keine Zeit, sind von den Straßenverhältnissen genervt ... und somit allenfalls ein akuter Nothelfer, nicht jedoch ein Beistand für viele schwere Sterbestunden.

Ärzte machen seit Jahren auf diese Entwicklung aufmerksam. Durch die Abwanderung von Kollegen nach England und Schweden „überaltert" insbesondere auf dem Land die Ärzteschaft. Das beklagte Sterben in der Anonymität der Krankenhäuser ist somit eher ein sozialpolitisches als ein familiäres Problem.

Erleichterungen und Hilfen im Alter

> „Möglicherweise werden wir oft nur dann etwas leisten können, wenn wir die seelische Hilfestellung mit materieller Unterstützung (…) vereinigen können."
>
> (S. Freud 1919, in Teising 1990)

Wenn das Leben so nicht mehr gelebt werden kann, wenn die gewünschte Lebensqualität nicht einmal mehr in Ansätzen vorhanden ist, müssen Änderungen eingeleitet werden. Der betreffende Mensch scheint ab einem bestimmten Grad von Einengung, Hilflosigkeit und Abhängigkeit jedoch nicht mehr in der Lage, das Ruder herumzureißen. Oft fehlen die Mittel: die materiellen ebenso wie die emotionalen, die sozialen wie die organisatorischen.

Der Selbstmord als einzige Lösung bietet sich dort an, wo „nichts mehr geht". Fast immer ist diese Ausweglosigkeit jedoch (nur) eine „gefühlte", eine subjektive. Außenstehende – sowohl private Kontaktpersonen als auch professionelle Helfer – sehen vermutlich zahlreiche Alternativen und könn(t)en diese nach Rücksprache mit dem Betroffenen auch einleiten.

In Gesprächen mit Selbstmordgefährdeten wird meistens sehr schnell deutlich, woran es ihnen mangelt. Einer der ersten „Lehrsätze", die wir in der Sozialarbeiterausbildung lernten, lautete: „Sie werden's nicht glauben – auch Klienten denken!"

Dass unser Klientel – Kinder, Menschen mit Behinderung und alte Menschen – selbst weiß, was es möchte und was ihm guttäte, gehört nicht zum Allgemeingut im menschlichen Miteinander;

auch nicht in der Profi-Szene von Berufspädagogen, Hausärzten, Sozialarbeitern und Psychiatern. Es sind „helfende Berufe". Sie haben mit „Schwachen" zu tun und sie beginnen zu agieren. Das Helferprinzip „Mit der Stärke arbeiten" und vorhandene Ressourcen in den Mittelpunkt zu stellen, mag theoretisch geläufig sein, aber es in die Arbeit einzubeziehen bedeutet nicht nur ein Mehrfaches an Zeitaufwand, sondern vor allem ein Abrücken von der eigenen Omnipotenz („Seit wann wissen Patienten besser Bescheid als ihr Arzt?").

Patienten und Klienten wissen nicht alles besser – aber sie wissen, an was es ihnen fehlt, wo es weh tut, was sie zur Abhilfe schon alles unternommen haben, was wann (nicht) gewirkt hat und wie sie gerne leben würden.

Besonders bei alten Menschen, die selbstmordgefährdet sind, geht es sehr häufig um handfeste Hilfen. Es geht um den Einsatz von Hilfsmitteln, von finanziellen Zuwendungen, von räumlichen Veränderungen und um die Anbahnung sozialer Kontakte. Das „helfende Gespräch" alleine nutzt wenig, wenn sich die hinderlichen Alltagsbedingungen nicht ändern – und auch eine Medikation gegen Depressionen ist kontraindiziert, wenn die psychosozialen und sozioökologischen Bedingungen, die zur Depression führten, keine Veränderung erfahren.

Jede Hilfe für alte Menschen ist eine Depressionsprophylaxe und jede Depressionsprophylaxe ist eine Selbstmordprophylaxe! Allerdings scheint es mir wichtig, dass sich prinzipiell jeder Helfer von der Pflegekraft bis hin zum Fachminister darüber mit sich selbst einig sein sollte, ob er es für sinnvoll hält, Altenselbstmorde mit allen verfügbaren Mitteln zu verhindern.

Hilfen setzen viel früher und viel lebensnaher an. An erster Stelle steht die *Verantwortung der Familie* (Kinder, Enkel, Geschwister …) für das alternde Familienmitglied. Der sehr häufige Ausspruch alter Menschen „Ich will meinen Kindern nicht zur Last fallen" zeigt das Problem auf: Alte befürchten, eine „Last" zu sein! Diese Einschätzung hat mit ihrem Selbstbild zu tun – und möglicherweise auch mit den schon erlebten Reaktionen der Kinder. Dabei sollten sich beide Parteien sehr bewusst vor Augen führen, dass die „Kinder" über mindestens 20 Jahre von ihren Eltern erzogen, gepäppelt und finanziert worden sind – also mindestens 20 Jahre eben auch eine „Last" waren, wenngleich meistens eine geliebte! Wie viele „Kinder" sich revanchieren, wenn ihre Eltern alt und hilfebedürftig sind, ist nicht bekannt. Es sollten jedoch 100 % sein, die sich zu ihrer emotionalen, sozialen und manchmal auch materiellen Verantwortung bekennen. Lehnen sie es ab, für ihre Eltern zu sorgen und sich finanziell zu beteiligen, springt der Staat ein – und holt sich das Geld anschließend von den „Kindern" wieder zurück. Das ist richtig so: Warum sollte die Solidargemeinschaft einspringen, wenn die eigene Familie zahlungskräftig ist? Neben der Solidarität herrscht das Prinzip der Subsidiarität: Der Staat ist nachrangig bzw. Letztverantwortlicher. Die Alten sollten ihre Bescheidenheit und Konfliktscheu ablegen und Forderungen an die „Kinder" stellen ..., zumindest ihre Erwartungen deutlich machen. Möglicherweise geht die nachfolgende Generation davon aus, dass Vater und Mutter sehr gut alleine klarkommen.

Nicht zu unterschätzen ist die *Nachbarschaftshilfe*. Diese ist oft schneller und effizienter als die der „Kinder", weil sie unmittelbar vor Ort die Not-Wendigkeit erkennt. Sie ist – wenn sie funktioniert und wenn sie auf Gegenseitigkeit beruht! – der wichtigste Garant für eine Alltagsbewältigung, von der Einkaufshilfe über Handreichungen, für die nicht gleich ein teurer Handwerker geholt werden muss, bis hin zum Klatsch über den Gartenzaun oder das spontane Kaffeetrinken. Die Bank unter der alten Dorflinde oder vor der Haustür, auf der zu früheren Zeiten der Tag (ohne Fernsehen!) ausklang, dürfte vielen Altersproblemen die Spitze abgebrochen haben und machte den Psychotherapeuten überflüssig (den es ohnehin noch nicht gab). Probleme wachsen, wenn sie nicht besprochen werden. Im Gespräch wird mancher Schwierigkeit die Schärfe genommen. Gesprächspartner haben Tipps, kennen Hilfeadressen oder trösten ganz einfach mit der Verallgemeinerung, dass unter diesem Problem viele zu leiden haben.

Selbsthilfegruppen zu bestimmten Altenthemen (es müssen nicht immer nur Probleme sein), *Altentreffs*, *Alten-* und „*Erzählcafés*", gemeindliche Gesellungsformen für Alte und für alle Generationen gemeinsam ... sind den Kommunen und Kirchen nahezulegen. Sie sind zu initiieren, zu fördern (Räume bereitzustellen) und freundlich zu unterstützen. „Gemacht" werden sie inhaltlich von den „Senioren" selbst. Diese sind kompetent genug, ihre eigenen Interessen zu vertreten. Manchmal benötigen sie jedoch den Anstoß, die Einladung und eine gewisse Vorarbeit.

Beratung

Viele „Familien-" oder „Lebensberatungsstellen" bieten inzwischen ganz gezielt auch Beratung für „Senioren" an. Vielfach werden die Stellen von karitativen Verbänden betrieben und haben Personal, das sich auch auf den alten Menschen spezialisiert hat. Zu finden sind sie meistens über das Telefonbuch (→ Kirchen, Wohlfahrtsverband, Lebensberatung ...). Auch wer kirchlich nicht gebunden ist, keine Kirchensteuer zahlt oder der „falschen" Konfession angehört, wird problemlos beraten! Soweit ich recherchiert habe, sind die Beratungen kostenlos und die Wartezeiten – anders als bei psychotherapeutischen Praxen – recht kurz. Ein Anruf genügt für eine erste Klärung, ob man an dieser Stelle „richtig" ist, und für eine *Terminabsprache*. In ersten Gesprächen kann dann auch geklärt werden, ob man mit seinem Anliegen die richtige Wahl getroffen hat oder ob der Berater evtl. zu einer Psychotherapie rät. Seniorenberatung ist ein offenes Angebot, das problemlos angenommen werden kann.

Psychotherapie

> „Psychotherapie bei Älteren ist möglich, sinnvoll, notwendig und erfolgreich."
> (Prof. Dr. Hartmut Radebold, Psychoanalytiker)

Über Jahrzehnte galt: Alte Menschen sind nicht mehr therapierbar. Diese Meinung ging auf Sigmund Freud zurück – und somit betraf sie die Psychoanalyse, die zu seiner Zeit immer viele Jahre und 3 – 4 – 5 Sitzungen pro Woche in Anspruch nahm. Die Psychotherapie verfügt heute über ein sehr breites Spektrum an Verfahren, die weniger Zeit in Anspruch nehmen, nicht bis in die tiefsten Tiefen des Lebens vordringen wollen und die dennoch hilfreich bis heilend sind. Wichtig zu wissen ist, dass auch alte Menschen („Rentner") einen Anspruch auf Kostenübernahme für Psychotherapie haben. Dabei sind die gesetzlichen Krankenkassen weitaus großzügiger als die privaten.

Bei der Psychotherapie für alte Menschen gibt es allerdings Probleme:

1. Alte Menschen – vor allem, wenn sie keine Vorerfahrungen haben – scheuen sich generell, professionelle Hilfe für die Psyche anzunehmen. Einerseits schämen sie sich, weil sie meinen, man müsse mit seinen Problemen alleine klarkommen. Andererseits können sie sich nicht vorstellen, dass Gespräche mit (oft jüngeren) fremden Menschen ihnen helfen könnten. Nicht zuletzt befürchten sie die Diskriminierung, wenn jemand Drittes davon erfährt („die ist ja verrückt") und daraus möglicherweise den Schluss zieht, dass dieser Mensch „untergebracht" werden solle. Aus dieser Gemengelage entwickelt sich die Scheu, entsprechende Dienste in Anspruch zu nehmen.

2. Ebenso wie in der Sozialarbeit gibt es in der Psychotherapie gelegentlich eine Abneigung gegen die Arbeit mit Alten. Bemäntelt wird diese mit dem Satz: „Es lohnt doch nicht mehr!" Möglicherweise spielt diese Einstellung wirklich eine Rolle, es kommen jedoch noch andere Faktoren hinzu:
   — Der Therapeut hat wenig Erfahrung mit Alten, also viele Vorurteile.
   — Es besteht das Gefühl, der Elterngeneration (wieder) zu begegnen, von der man sich selbst gerade mühsam abgenabelt hat.
   — Mit Jungen macht es „mehr Spaß" – man meint, schnellere Erfolge zu sehen, kann sich identifizieren, findet auch eigene Lebensthemen wieder (was allerdings problematisch ist!), während Alte andere Themen (die Themen der Eltern!) besprechen wollen.

— Auch Alte mit Problemen können „weise" sein, haben ihr Leben im Griff und wissen, was sie brauchen. Das mag manchen (ungeübten/unreflektierten) Therapeuten stören, der sein Programm abarbeitet und den Alten als zu dominant erlebt („Gerontophobie"). Letztlich ist *immer* der Patient der „Herr des Verfahrens"!

— Insgesamt können die allgemein negative Sicht vom alten Menschen und sein Negativstatus in der Gesellschaft eine Rolle spielen.

Maercker gibt für die Psychotherapie mit alten Menschen außerdem zu bedenken: „Stark unterschiedliche soziale und historische Bedingungen (...) können wesentliche Unterschiede bei der Entwicklung der persönlichen Identität zur Folge haben. So können z. B. ältere Patienten während des Zweiten Weltkrieges und danach wichtige Notsituationen durchgemacht haben, die jüngeren Generationen nie widerfahren sind. Die Beachtung der (...) Unterschiede setzt eine historische Sensibilität und Interessiertheit des Therapeuten voraus" (Maercker 2003, S. 137).

Einige Daten sollen im Folgenden aufzeigen, dass Psychotherapie für „Rentner" weder ein Tabu noch eine Ausnahmemaßnahme, sondern im Gespräch und „im Kommen" ist.

— Etwa 25 % aller über 60-Jährigen leiden unter Ängsten, Depressionen und psychosomatischen Störungen/Krankheiten (chronische Schmerzen, Magen-Darm-Probleme, Rückenbeschwerden, hartnäckigen Schlafstörungen). Etwa 12 % entfallen auf Neurosen und „Persönlichkeitsstörungen".

— Rund 50 % aller über 60-Jährigen halten Psychotherapie für sich für sinnvoll, falls sie ein seelisches Problem hätten. Mit zunehmendem Alter nimmt diese Einstellung ab.

— Dagegen sind nur 1–2 % aller Patienten in ambulanten Psychotherapien über 60 Jahre alt.

— 43 % der über 50-Jährigen wäre es peinlich, wenn Nachbarn oder Bekannte etwas von ihrer Psychotherapie erführen.

— Bei Depressiven können angeleitete Gespräche mit Gleichaltrigen hilfreich sein. Nach Hautzinger überwinden sie in der Gruppe schneller ihre Isolation, auch wenn es anfangs schwerfällt, mit anderen über Gefühle zu sprechen.

— Bei jeder Psychotherapie gilt: „Je älter das Problem, umso länger die Therapie", was jedoch nicht bedeutet, dass alte Menschen immer eine lange Therapie benötigen. Viele Probleme sind aktuell (vgl. Kap. „Krisen") und manchmal ist es auch sinnvoller, mit „zudeckenden" Verfahren zu arbeiten.

— Für Psychotherapie mit Alten soll gelten: „Es geht nicht darum, an Unwiderruflichem zu rütteln, sondern Verhaltensmuster zu erkennen, die man noch ändern kann" (Prof. Dr. Almuth Sellschopp).

— Die Berliner „Kammerstudie" weist darauf hin, dass über 50 % aller alten Patienten der Psychotherapie von Ärzten überwiesen werden und dass „ambulante Pflegedienste und stationäre Einrichtungen der Altenhilfe keine Rolle für die Vermittlung älterer Patienten spielen". Das sei „umso bedenklicher, als Studien zur psychischen Situation von älteren Menschen in Heimen den psychotherapeutischen Behandlungsbedarf vieler Bewohner belegen" (Görgen/Engler 2005, S. 29). (Eine Deutung würde hier zu weit führen, jedoch entspricht diese Haltung, alten Menschen Hilfen vorzuenthalten, den Einstellungen, die im „Pflegebericht 2007" zu Tage getreten sind; vgl. Kap. „Lieber tot als ins Heim".)

Allen Professionen, die mit alten Menschen in engeren Kontakt kommen (Pfarrer, Hausärzte, Fachärzte, Altenpfleger …) sei nahegelegt, ihr Klientel auf Beratungs- und Psychotherapieangebote hinzuweisen, wenn der Eindruck entsteht, dass Hilfe benötigt wird. Ein „Es lohnt doch nicht mehr!" darf es nicht geben. Zuwendung und Kompetenz „lohnt" für jeden, selbst für Sterbende, und außerdem werden immer mehr alte Menschen sehr alt und haben möglicherweise noch 10, 15, 20 Jahre zu leben … möglichst gesund. So sagte eine 81-Jährige, die sich einer kleinen Schönheitsoperation unterziehen wollte: „Meine Mutter ist 108 Jahre alt geworden, und ich habe keine Lust, noch 20 Jahre mit diesem Gesicht herumzulaufen!"

Hospiz statt Selbstmord?

„Hospize sind Lebensorte für Sterbende."
(Beate Lakotta)

Als die Schweizer Sterbehilfeorganisation „Dignitas" sich in Deutschland niederließ und mit spektakulären Selbstmordaktionen auf sich aufmerksam machte, reagierten viele Politiker, vor allem aber die beiden christlichen Kirchen, mit einhelliger Ablehnung. Teilweise beschränkte sich die Kritik auf die Honorare, die für den assistierten Selbstmord gefordert werden, teilweise wurde diese gesamte „Selbstmord"-Praxis abgelehnt. Wie wenig sich die Kritiker mit dem Thema Selbstmord auskannten, wurde deutlich in den „Forderungen": Es müsse mehr Hospize und Palliativmediziner geben! Das würde allerdings voraussetzen, dass sich vor allem Menschen töten, die sich hochgradig schmerzgeplagt in der Endphase ihres Lebens befinden und diese durch Selbsttötung vorschnell beenden (lassen) wollen.

Auf wie viele der mehr als 10.000 Selbstmörder pro Jahr diese Problematik zutrifft, ist nicht bekannt. Die bisherigen – z. T. statistisch sehr ausdifferenzierten – Studien haben eine solche Gefährdetengruppe bislang nicht ausgemacht.

Der Mensch, der in ein Hospiz aufgenommen wird, befindet sich – entsprechend der Hospiz-Idee – in seiner Sterbephase. Die Aufenthaltsdauer in den Hospizen ist aus Platz- und Finanzierungsgründen begrenzt. Dauert der zunächst angenommene Sterbeprozess „zu lange", wird der Patient ggf. ins Heim oder ins Krankenhaus zurückverlegt.

Nicht jeder Selbstmordgefährdete will sich töten wegen unerträglicher Schmerzen und weil er sein bevorstehendes Ende nicht abwarten kann oder will (vgl. dazu die „Fälle" in dieser Arbeit!).

So wertvoll Hospize sind – mit Selbstmordprävention haben sie nichts zu tun und sie sind somit auch keine wirkungsvolle Maßnahme, um Sterbehilfeorganisationen den Patientenzulauf abzuschneiden.

Statt derartiger Schnellschüsse, wie sie von Politikern und Kirchenvertretern oft in Hilf- und Kenntnislosigkeit dargeboten werden, sollte eine qualifizierte Diskussion auf Fachebene Maßnahmen für Alte und gegen den (Alten-)Selbstmord beschließen und durchsetzen helfen. Mit Aufmerksamkeit und einer sozialpolitisch orientierten Analyse sollte jedoch der Diskrepanz zwischen der Aufgeregtheit um „Dignitate" einerseits und der Gleichgültigkeit (Alten-)Selbstmorden gegenüber andererseits begegnet werden!

Perspektiven ...

Selbstmordprophylaxe als Thema könnte gesondert ein ganzes Buch füllen und füllt bereits Tausende von Seiten. Ich möchte sie – entsprechend der Diktion dieses Buches – in einem größeren zeitlichen Zusammenhang sehen, zumal „die Zeiten" nicht besser werden und die Selbstmordquoten alter Menschen trotz aller herkömmlichen (theoretischen) Bemühungen seit Jahrzehnten stagnieren. Ich betrachte im Folgenden die drei großen Erwachsenenstadien.

... für die Jungen

„I Hope I Die Before I Get Old."

(The Who)

Junge Menschen haben keine Vorstellung vom Altwerden – je seltener sie Alte in ihrem unmittelbaren Umfeld haben, desto weniger. Sie finden Altwerden und Abhängigsein furchtbar und geben an, sich lieber vorzeitig umzubringen. Sie tun es natürlich nicht, denn sie werden nicht schlagartig alt. Aber sie versäumen, für das Alter, das sie sich nicht wünschen, vorzusorgen: „So alt werde ich gar nicht", „Wer weiß, ob ich dann noch lebe"... Das erweist sich im Nachhinein als großer Fehler. So reicht es nicht, ein Leben lang zu arbeiten – man muss auch ein Leben lang in die Rentenversicherung einzuzahlen.

Auch junge Menschen sind verantwortlich für das Wohlergehen alter Menschen. Die von ihnen beklagten zukünftigen Altersbezüge und die „Rentnerdemokratie" sind Fakten. Dem können junge Menschen vor allem drei Dinge entgegensetzen:

1. Sich selbst zusätzlich zu versichern. Die „alte" Rente ist über 100 Jahre alt und die Reformen (Rentenanpassungsgesetze) haben für die jetzige Rentnergeneration bereits erhebliche Kürzungen gebracht. Aber es reicht nicht mehr! Daraus ergibt sich:

2. Kinder zu bekommen! Sie sind es, die für die jetzt Jungen später die Renten zahlen werden. Der Demograph Prof. Dr. Herwig Birg macht dazu klare Aussagen: Mindestens zwei Kinder pro Frau sind notwendig. Wenn die „Gerontokratie" für 2050 prognostiziert wird, sind zu (nur!) 20 % die Alten dafür verantwortlich, die immer älter ... und damit immer mehr werden, zu 80 % jedoch die zu geringe Geburtenrate! Wer Kinderkriegen als seine Privatangelegenheit bezeichnet, muss konsequenterweise auch seine Rente im Privaten verorten.

3. Die politische Teilhabe – in erster Linie das aktive Wahlverhalten. Wenn überwiegend Alte zur Wahl gehen, dürfen sich Junge nicht über die Zusammensetzung der politischen Gremien beklagen.

Was diese drei Fakten mit Selbstmordprophylaxe zu tun haben? Viele alte Menschen haben Probleme damit, dass sie nach einem langen, aktiven Leben geschmäht und beschuldigt werden, den Jungen, für die sie 40 und mehr Jahre aufgebaut haben, die Zukunft zu zerstören. Es ist eine emotionale Kategorie – und vor allem, wenn die Jungen mit ihren Anwürfen Unrecht haben, ist es für viele schmerzhaft. Manche reagieren mit Wut, manche, die ohnehin anderweitig schon belastet sind, mit Depression und Rückzug. Die fetten Jahre sind vorbei. Dass sie es sind, ist nicht die Schuld der heutigen Rentner! Junge Menschen täten gut daran, sich umfassend über (sozial)politische Zusammenhänge zu informieren – und alte Menschen mit ins Boot zu holen, ihr Wissen, ihr (ehrenamtliches!) Engagement und ihr Zeitangebot für sich zu nutzen. Damit wäre beiden großen Gruppierungen geholfen.

... für die Mittleren

Ihre Verantwortung für Alte ist direkter: Sie sind die „Kinder", die sorgen und z.T. zahlen müssen. Das ist ihre Rolle seit Generationen. Ihr Umgang mit den alten Eltern ist ausschlaggebend für Wohl und Wehe. Ihr Abschieben oder Pflegen, ihre Zusagen für die Zeit der Hilflosigkeit oder ihre Ignoranz geben dem alten Menschen Geborgenheit oder stoßen ihn ins Leere. Gleichzeitig ist diese Generation für ihre eigene Selbstmordprophylaxe zuständig: für ihre Absicherung, für ihre Selbstbestimmung (Vorsorgevollmacht, Patientenverfügung, Testament, Planungen und Absprachen für ihre Alterszukunft) und insbesondere für das „Klima": So wie sie mit ihren Alten umgehen, werden ihre Kinder mit ihnen umgehen, weil sie es nicht anders gelernt haben. Die mittlere Generation hat auch eine hohe politische Verantwortung, was Unterbringung anbelangt: „Lieber tot als ins Heim" darf es in Zukunft nicht mehr geben. Die Einblicke, die wir seit ein paar Jahren haben, reichen aus, um sehr kritisch und sehr aktiv mit diesem Skandalthema umzugehen.

... für die Alten

Sie brauchen vor allem ein hohes Maß an Aktivität, solange sie noch aktiv sein können. Sie müssen sich politisch bewegen („Rentner machen mobil") und dürfen nicht passiv-resignativ dulden. Passivität führt in die Depression und Depression in den Selbstmord. Alte müssen ihre Stärken erkennen, sie leben und sie den beiden anderen Altersgruppen zur Verfügung stellen. Sie sind die „Weisen", sie kennen das Leben über 60, 70, 80 Jahre, und aus dieser Erfahrung können sie für sich und andere klug agieren. Sie sind nicht „die Wichtigsten", aber ohne sie geht vieles nicht. Dieses Bewusstsein müssen sie stets abrufbar haben. Und bevor sie in letzter Minute aus Furcht vor dem Heim Selbstmord begehen, sollten sie sich in den Jahren zuvor um diese Institutionen kümmern: im Allgemeinen für andere und im Speziellen für sich selbst. Ihnen speziell – aber auch den beiden anderen Gruppen, die mit verantwortlich sind – sei gewünscht:

„Die Sinfonie des Lebens sollte mit einem großen Finale des Friedens und der Heiterkeit und der materiellen Behaglichkeit und der geistigen Zufriedenheit abschließen und nicht mit dem Krachen einer geborstenen Trommel oder eines zersprungenen Beckens."

(Lin Yü-tang: „Über das Altern in Würde")

V.
Abspann

Von Athabasken, Tschuktschen und dem „altruistischen" Selbstmord

„Er ist ein Optimist. Er glaubt, dass es von ihm abhängt, wann er Selbstmord begehen will."

(Gabriel Laub)

Wenn von der Weisheit und den Gewohnheiten der „alten Naturvölker" geschwärmt wird, bedeutet es stets, besondere Achtsamkeit an den Tag zu legen. „Alt" steht dann für wissend, klug und weise, „Natur" dafür, alles im Einklang zu regeln, und die „Naturvölker" wussten eben aufgrund ihrer Verbundenheit mit der Umwelt und den Geistern, was für den Menschen gut ist.

Die Gerontologieliteratur betrat vor rund 20 Jahren die Bühne der Diskussion um die zu vielen Alten. Zusammenhanglos und subkutan wurde berichtet über die Athabasken, die ihre Alten ins ewige Eis entließen, über die Tschuktschen von der Tschuktschen-Halbinsel, die ihren Alten auf dem Berg noch ein Mahl bereiteten, sie dann auf Schlitten festzurrten und über die Klippe ins Meer stürzten. Dass „die alten Grönländer freiwillig" gingen, gehört inzwischen zum Allgemeinwissen, und einige afrikanische Stämme schoben Oma und Opa abends einfach vor die Kraltür.

Das mag ethnologisch interessant sein – in der Gerontologie der westlichen Welt im 3. Jahrtausend haben diese Beispiele nichts zu suchen. Das wesentliche Argument für den Schritt, den alten Menschen in den sicheren Tod zu schicken, fehlt bei uns. Es ging um das Überleben des jeweiligen Stammes! Wenn der Winter extrem lang war, die Rentiere eine neue Route nahmen oder die Wale ausblieben, drohten die Stämme zu verhungern. Die mittlere Generation sorgte (wie bei uns heute noch) für die Jungen und die Alten, die sich jeweils nicht selbst versorgen konnten. In der Hungerkrise musste dann entschieden werden, „wer geht" – und das mussten die Alten sein, denn die Jungen waren die Zukunft des Stammes.

Selbst wenn „die Jungen" heute um ihre Renten in 30 Jahren fürchten, ist das kein Grund, Alte „ins Eis" zu schicken. Wir stehen nicht vor der Entscheidung, wer den zwangsläufigen Hungertod sterben muss. Gegen die laut beklagte „Überalterung" der Bevölkerung und die Dominanz der Rentner in der Politik gibt es zwei probatere Mittel: Jeder Junge setzt mindestens zwei Kinder in die Welt und beteiligt sich an jeder politischen Wahl!

Ich habe in den letzten Jahren – außerplanmäßig – zu den Themen Babyklappe und anonyme Geburt gearbeitet. Pro Jahr sterben in Deutschland 25–30 Neugeborene durch unterlassene Hilfeleistung oder Gewalt. Das sind die geringsten Zahlen, die Deutschland zu diesem Delikt je aufzuweisen hatte. Als jedoch ein Initiator einen „Fall" publik machte und gleich die scheinbar sichere Gegenmaßnahme propagierte (Babyklappe), befiel die Republik ein Rettungsfieber … 80 Klappen wurden rechtswidrig eröffnet und mehrere 100 Krankenhäuser installierten ebenso rechtswidrig die anonyme Geburt. Vier Gesetzentwürfe scheiterten, nachdem es auf Länder- und Bundesebene Dutzende von Anhörungen gab. Die Medien überschlugen sich, es wurde gegiftet, diskutiert und prozessiert, diplomiert und promoviert … Es sind – von uns Kritikern prognostiziert – noch immer jährlich 25–30 tote Neugeborene zu beklagen, dazu gibt es pro Jahr ca. 100 künstlich anonymisierte Kinder, der 5. Gesetzentwurf ist in Arbeit, die Regierung schickt sich an, eine große Forschungsarbeit zu vergeben – und ich wechsele zurück zu meinem (Selbstmord-)Thema und frage mich und andere: Wieso will niemand die über 4000 alten Selbstmörder retten? „Es geht um das Leben" ist eine der Babyklappenparolen. Warum geht es nicht um das Leben eines jeden Menschen? Sind 25 Babys es mehr wert, gerettet zu werden, als viele Tausend Alte? Und wenn ja, warum? Weil die einen das Leben noch vor sich haben (weiß man das?) und die anderen ihr Leben schon hatten? Wer verteilt die Chancen und wer nimmt sie – zumal es nicht um die Abwägung geht, dass eine Gruppe der anderen geopfert werden muss! (Dass dieses Thema auch andere bewegt, zeigen die zahlreichen Karikaturen von Seniorenklappen!)

Einer der Erfahrungssätze aus der Selbstmordarbeit lautet: „Es bringt sich niemand um, dem nicht ein anderer den Tod wünscht." Ich habe diesen Satz früher nur auf das Individuum und seine unmittelbare familiale Umgebung bezogen und bei meinen „Fällen" Entsprechungen gefunden.

Die Diskussion über Alte, die Gleichgültigkeit, das mangelhafte Wissen über den Altenselbstmord und all die Diskreditierungen sowie die Handhabung von Sterbehilfe lassen den Schluss zu, dass alte Menschen sich auch deswegen umbringen, weil ihnen viele den Tod wünschen – all diejenigen, denen die Alten zu teuer erscheinen und die um ihre Zukunft fürchten.

Die Erwartung, dass Alte sich selbst umbringen, wird seit 25 Jahren deutlich artikuliert. Der Australier Nitschke entwickelte den Selbsttötungsautomat und empfahl „verständigen Alten", den Weg frei zu machen (vgl. Kap. „Der Selbstmordautomat im Altersheim"). Zur gleichen Zeit (1983) ließ ein US-Gouverneur verlauten, ältere Menschen hätten die Pflicht zu sterben, und in Deutschland erwarteten Gutachter „Kostenexplosionen", die durch Rentner im Gesundheitswesen verursacht würden. Es müsse „durch geeignete Maßnahmen rechtzeitig vorgesorgt werden". Dießenbacher warnte vor über 20 Jahren vor einem Gerontozid/Femizid:

▨ „Unter den Hochbetagten dominieren die Frauen. Logischerweise wäre der Gerontozid überwiegend ein ‚Feminizid'. Das moderne Frauenopfer medizintechnologischer Gesellschaften ginge zu *Lasten alter Frauen*. Ihr Leben schiene für diese den geringsten Wert zu besitzen. Solange Frauen Lust bereiten und gebären können, verführerisch oder nützlich sind, haben sie in männlichkeitsdominanten Gesellschaften ihren Wert. (…) Hat die mittelalterliche ‚Vernichtung der weisen Frauen' ihre gesundheitspolitische Fortsetzung gefunden?" (Dießenbacher 1987, S. 259) ▨

Alte Frauen, Alte insgesamt, Schwerkranke und Pflegebedürftige – Holland, Belgien, Australien, die Schweiz, Deutschland –, es wird „Sterbehilfe" geleistet (mit und ohne Verlangen des Opfers!), also es werden Menschen getötet! Der assistierte Selbstmord per Automat mit Gift oder gasgefüllter Plastiktüte wird in den Medien propagiert, *zeitgleich* mit der Diskussion über die Rentnerschwemme, die immer größer wird und den Jungen die Zukunft wegfrisst. Der Wert alter Menschen wird in der Nähe des Nullpunktes diskutiert (außer wenn jemand plötzlich ihre Wirtschaftskraft entdeckt!). Sie haben ausgedient, sie fallen unter die Negativbilanz.

Es geht immer um das Eine: Von außen wird stigmatisiert. Es wird Lebensberechtigung zugeteilt oder aberkannt – egal ob es um Ideologien oder Geld geht. Nach dem Motto „Steter Tropfen höhlt den Stein" wird wider den Stachel gelöckt. Alte Menschen, die sich selbst nicht mehr wert-voll finden, die keinen Sinn im Leben sehen, die einsam und belastet sind, sind schnell zur letzten Lösung zu verführen, zumal wenn ihnen suggeriert wird, dass sie damit noch einmal Gutes tun und der Gemeinschaft nicht nur nicht mehr zur Last fallen, sondern ihr nützen: *Nur ein toter Rentner ist ein guter Rentner!* Hans Magnus Enzensberger bezieht sich auf ein Buch von 1978, wenn er in Bezug auf die „zu vielen Alten" schreibt:

„Durch eine systematische psychologische Beeinflussung sollen alte Menschen dahin gebracht werden, dass sie selbst ein Ende machen wollen. Vermittelt durch den Gemeinschaftsgeist (!!), an dem wir arbeiten, erreicht die Botschaft die Alten: Du hast Dein Leben gehabt, Du hast das Deine getan, wir anderen hoffen, Du bist zufrieden. Auf alle Fälle vielen Dank. Und solltest Du Deinerseits der Gesellschaft danken wollen für das, was sie für Dich getan hat, so weißt Du ja, was Du tun kannst. (…) Lass' Dich mit der Altenzentrale verbinden. (…) Warte nicht zu lang." (Enzensberger über ein Buch von Wijmark, 1978, im Zusammenhang mit der Diskussion um die „zu vielen Alten", zitiert in: Bauer 2005, S. 33)

Was sich seinerzeit noch wie ein vorsichtiges Vortasten deuten ließ, hat inzwischen Aufforderungscharakter bekommen. Die Schweizer Philosophin Fenner nennt es ein „löbliches Motiv", wenn Alte sich töten, weil sie der Umwelt keine Last sein wollen – und die Presse lobt sie dafür, dass sie den Begriff des „altruistischen Selbstmordes" dafür eingeführt habe.

Vermutlich weiß niemand, dass dieser Begriff, den 1897 der französische Soziologe Durkheim erstmals im Rahmen seiner Selbstmordforschungen benutzte, einen ganz anderen Charakter hat. Wenn wir wirklich den „altruistischen Selbstmord" einführen und beloben wollen, haben wir die „Empfehlung" und die „Verführung zur Selbsttötung" hinter uns gelassen! Der altruistische Selbstmord folgt dem *Selbstmord-Gebot: Du sollst dich töten!*

VI.
Anhang

Was ist was? – Probleme der Abgrenzung

Im Folgenden werden sowohl die Termini als auch die dahinter stehenden juristischen Regelungen dargestellt. Sie sind (vor allem in der Praxis) nicht immer eindeutig voneinander abzugrenzen. Auch dadurch entstehen Missverständnisse – umso wichtiger ist ihre möglichst präzise Fassung.

Selbstmord (auch Suizid, Selbsttötung, Freitod)
Die alte Definition von Emile Durkheim („Le Suicide" von 1897) ist auch heute noch unverändert zu gebrauchen: „Man nennt Selbstmord jeden Todesfall, der direkt oder indirekt auf eine Handlung oder Unterlassung zurückzuführen ist, die vom Opfer selbst begangen wurde, wobei es das Ergebnis seines Verhaltens im Voraus kannte. Der Selbstmordversuch fällt unter dieselbe Definition, bricht die Handlung aber ab, ehe der Tod eintritt." Selbstmord ist nicht strafbar.

Beihilfe zum Selbstmord (auch: „assistierter Selbstmord")
Wenn eine Handlung nicht strafbar ist, kann auch die Beteiligung / Beihilfe zu dieser Handlung nicht strafbar sein. Insofern wäre der assistierte Selbstmord straflos. Das betrifft den Fall, in dem ein Außenstehender z. B. das Selbstmordmittel beschafft. Der Suizident muss alsdann die Tötungshandlung selbst vornehmen, nachdem er sich zuvor in eigener Verantwortung zum Selbstmord entschlossen hat.
Ist der Helfer anwesend, muss er jedoch sofort nach Eintritt der Hilflosigkeit des Suizidenten dem Tun ein Ende bereiten – also den Strick abschneiden, wenn er sich aufgehängt hat, oder den Notarzt / Krankenwagen rufen, wenn es sich um eine Tablettenvergiftung handelt. Unterlässt er solches, macht er sich der „unterlassenen Hilfeleistung" nach § 323 StGB schuldig und wird bestraft.

Aus diesem Grund beachten professionelle und/oder organisierte Sterbehelfer zwei Bedingungen:

— Sie stellen das Mittel bereit und entfernen sich aus dem Raum (dem Suizidenten bleibt dann die Einnahme/die Nutzung freigestellt). Der Eintritt der Hilflosigkeit wird also bewusst nicht miterlebt.

— Sie stellen schnell wirkende Gifte zur Verfügung, die ein jegliches Eingreifen sinnlos machen.

(vgl. dazu auch Kap. „Der Selbstmordautomat ...")

Auf Änderungen in der Auffassung und der Rechtsprechung macht das Bundesministerium der Justiz aufmerksam und weicht damit die Grenzen schon auf: „Etwas anderes kann allerdings dann gelten, wenn der Arzt oder der Dritte sicher weiß, dass der Betroffene wohlüberlegt und freiverantwortlich sich für seine Selbsttötung entschieden hat und – anders als bei einem ‚Appellsuizidversuch' – gerade nicht mehr gerettet werden will. Denn hier erkennt die Rechtsprechung des Bundesgerichtshofs zunehmend an, dass dem Willen des Suizidenten eine wichtige Bedeutung für die Frage beizumessen ist, ob ihm noch geholfen werden muss oder nicht, wobei aber letztlich die konkreten Umstände des Einzelfalles maßgebend sind." (http://home.tiscali.de/sterbehilfe).

Die – wahrscheinlich nur schwer zu klärende – Frage ist hier die nach der völligen Freiheit, Selbstbestimmung und Eigenverantwortlichkeit des Suizidenten. Sie darf insbesondere für Alte, Kranke, Schwerbehinderte nicht gering geachtet werden.

Selbstmordversuch (auch: „Suizidversuch")

Der sog. Selbstmordversuch ist – der Wortbedeutung entsprechend – der misslungene Versuch, sich selbst zu töten. Das Misslingen beruht dabei entweder auf der Wahl des falschen Mittels, auf der nicht ausreichenden Menge oder auf dem zu frühen Aufgefundenwordensein.

Ob es sich jedoch tatsächlich um eine versuchte Selbsttötung handelte, kann nur einer wissen: der Patient/Klient. Für Außenstehende ist die Einschätzung schwierig bis unmöglich (vgl. Kap. „Über die Abschätzung ...").

Im Folgenden füge ich eine Tabelle an, in der die unterschiedlichen *Formen* dargestellt werden.

	Absicht	Ergebnis	korrekte Bezeichnung
1.	Tod	Tod	Selbstmord / Suizid / Selbsttötung (Freitod?)
2.	Tod	Überleben	Selbstmordversuch
3.	Überleben	Tod	tragischer Unfall
4.	Überleben	Überleben	Hilferuf, Probierverhalten, Erpressung ...

Der eigentliche, „richtige" Selbstmordversuch findet sich unter Punkt 2. Von 4. ist er nur in Einzelfällen klar abzugrenzen.

Hinzugerechnet werden zwei Formen, die nicht in das Schema passen:

— Die „parasuizidale Pause": Die Patienten geben im Nachhinein an, nur richtig ausschlafen gewollt zu haben, sich völlig aus dem Geschehen katapultiert zu haben – ggf. für mehrere Tage.

— Der „Gottesgerichtsurteils-Selbstmord": Die Patienten „können nicht mehr" und überlassen es Gott oder dem Schicksal, welches Ergebnis ihr Handeln haben wird. Bei Überleben erfolgen i.d.R. zeitlebens keine weiteren Versuche.

Der erweiterte Selbstmord

a) Der *Mitnahme-Selbstmord*. Hierbei handelt es sich i.d.R. um die Tötung eines (mehrerer) anderen, auf die dann die Selbsttötung folgt. Diese Fälle finden sich häufig in Abhängigkeitsverhältnissen: Eltern zu Kindern oder (Ehe-)Partnern. Immer wieder anzutreffen sind Eltern-Kind-Selbstmorde, wobei davon auszugehen ist, dass die Kinder ungefragt getötet wurden. Diese Taten sind gehäuft zu beobachten bei Scheidungen und Sorgerechtsregelungen. Dabei unterscheidet sich die Dynamik zwischen Vätern und Müttern (Ausnahmen bestätigen die Regel):

Väter töten ihre Kinder (und dann sich selbst), um der ehemaligen Partnerin die Kinder zu nehmen, als Strafe, aus Rache: „Wenn ich sie nicht bekomme, bekommst du sie auch nicht!"

Mütter töten ihre Kinder, weil sie sie „mitnehmen" wollen. Sie selbst können/wollen nicht mehr weiterleben. Sie finden das Leben unerträglich, häufig leiden sie unter Depressionen. Sie wollen ihren Kindern diese unerträgliche Welt nicht zumuten, zumal diese ohne Mutter für die Kinder noch furchtbarer würde (Heimerziehung, Pflegeeltern, Stiefmutter ...).

Überleben die Elternteile, während die Kinder sterben, haben sie mit einer Anklage wegen Mord (Väter! Niedrige Beweggründe!) oder Totschlag zu rechnen. Ein Überleben ist nicht selten: Wenn die Erwachsenen das gleiche Selbstmordmittel in gleicher Dosierung einnehmen, wie sie es den Kindern zugeführt haben, reicht es oft nicht aus zum Sterben. Bei Gewaltanwendung versagt die gleiche Gewaltart oder ist physisch nicht ausführbar.

Eine psychologisch-psychoanalytische Erklärung ist auch, dass sich das Gewaltpotenzial bereits in der Tötung der Kinder erschöpft hat und für die eigene Tötung nicht mehr ausreicht.

Der Mitnahme-Selbstmord zwischen *Erwachsenen* geschieht oft aus Gründen des Schutzes (ähnlich dem Mutter-Kind-Selbstmord). Ein Partner will den anderen (ggf. Kranken, Hilflosen) nicht alleine zurücklassen oder er will ihm ein schwereres Leiden ersparen. Weil das Leben ohne den anderen als nicht mehr lebenswert angesehen wird und/oder weil mit der strafrechtlichen Verfolgung gerechnet werden muss, erfolgt dann die Selbsttötung. In den Fällen, in denen nur Erwachsene involviert sind, ist im Nachhinein oft nicht feststellbar, inwieweit der Getötete eingeweiht und einverstanden war oder ob es sich evtl. um „Tötung auf Verlangen" mit anschließender Selbsttötung handelte.

b) Der *Doppelselbstmord* ist vom o. g. Selbstmord zwischen Erwachsenen nur durch eine deutlich bekundete Absichtserklärung (gemeinsamer Abschiedsbrief/vorherige Erklärung gegenüber Dritten ...) zu unterscheiden. Beide Handelnden gehen gemeinsam und gleichzeitig aus dem Leben, indem jeder Einzelne für sich die tötende Handlung vollzieht.

(Von Bedeutung sind diese Unterscheidungen, die vor allem von der Kriminalistik zu treffen sind, allenfalls im Interesse des Versicherungs- und Erbrechts.)

Tötung auf Verlangen (nach Fuchs auch: „aktive Euthanasie")
Sie ist unbedingt zu unterscheiden von der Beihilfe zum Selbstmord („assistierter Selbstmord"), bei dem sich der Sterbewillige das Tötungsmittel selbst zuführt. Bei der Tötung auf Verlangen geschieht dieser Akt (Vergiften, Erschießen, Erdrosseln …) durch eine andere Person, die vom Suizidenten mit der Handlung beauftragt wurde – worin die wesentliche Problematik liegt. Die Abgrenzung zu Totschlag oder Mord kann schwierig sein, selbst wenn schriftliche Unterlagen vorliegen. Zeugen kann es nicht geben – denn diese müssten sofort bei Eintritt der Hilflosigkeit einschreiten/verhindern.

Tötung auf Verlangen ist strafbar nach § 216 StGB:

„Tötung auf Verlangen
(1) Ist jemand durch das ausdrückliche und ernstliche Verlangen des Getöteten zur Tötung bestimmt worden, so ist auf Freiheitsstrafe von sechs Monaten bis zu fünf Jahren zu erkennen.
(2) Der Versuch ist strafbar."

Euthanasie
Der Begriff kommt aus dem Griechischen und bedeutet „guter Tod". Inhaltlich ist die Erleichterung des Sterbens gemeint, z. B. durch Schmerzlinderung, Beruhigung, Entspannung mittels Medikamenten. Missbraucht wurde der Begriff im Nationalsozialismus zur Tarnung/Beschönigung/Verschleierung des Tötens von Geisteskranken und anderem „lebensunwertem Leben".

Dieser Begriff kann im Prinzip als *Oberbegriff* für jedwede Sterbe„erleichterung" durch andere verwendet werden und ist deswegen zu wenig präzise in seiner Aussage. Vor allem wird er noch lange Zeit insbesondere mit der Ermordung unliebsamer Menschen in Verbindung gebracht werden.

Passive Sterbehilfe (auch: „Behandlungsabbruch" bzw. „-verzicht"
oder „passive Euthanasie")
„Einstellung oder Nichteinleitung einer Behandlung, wie z. B.
künstliche Ernährung, Flüssigkeitszufuhr, Medikamentengabe,
Beatmung, Dialyse oder Reanimation aufgrund einer aussichts-
losen Prognose oder des irreversiblen Verlaufs einer Krankheit.
Die Basispflege und Symptombehandlung wird weiterhin aufrechterhalten, aber zusätzlich auftretende Erkrankungen werden
nicht mehr kurativ (d. h. ‚heilend') behandelt" (Klie/Student 2007,
S. 180f).

Das Bundesministerium der Justiz nahm im Oktober 2007
dazu Stellung: „Bereits nach geltendem Strafrecht ist es nämlich möglich und sogar geboten, jede lebensverlängernde Behandlung eines Patienten, etwa eine künstliche Ernährung, einzustel-
len, wenn dies dem Willen des Patienten entspricht. Es ist ferner
möglich, entsprechend dem Willen des Sterbenden der Linde-
rung von Schmerzen Vorrang zu geben, selbst wenn das unbeabsichtigt auch zu einer Lebensverkürzung führen könnte. Ärzte
sind nicht verpflichtet, verlöschendes Leben unter Einsatz aller
medizinischen Möglichkeiten unter Umständen qualvoll zu ver-
längern. Die Ausschöpfung intensivmedizinischer Technologie ist
im Gegenteil sogar rechtswidrig und kann als Körperverletzung
strafbar sein, wenn sie dem Patientenwillen widerspricht, selbst
wenn die Verweigerung des Eingriffs medizinisch unvernünftig
erscheinen mag", (http://home.tiscali.de/sterbehilfe).

Terminale Sedierung (auch: „finale Sedierung" oder „indirekte
Euthanasie")
„Bezeichnung für die Gabe von Beruhigungsmitteln bis hin zur
Erzeugung völliger Bewusstlosigkeit mit dem Ziel der Symptom-
kontrolle, die – ohne dies zu beabsichtigen – zu einer Beschleu-
nigung des Sterbeprozesses in der Endphase führen kann" (Klie/
Student 2007, S. 188).

Im Vordergrund dieser starken Sedierung (Beruhigung) steht
die Symptombeseitigung, nicht das schnellere Herbeiführen des
Todes. Eine evtl. eintretende Lebensverkürzung muss dabei in
Kauf genommen werden. Diese Maßnahme sollte nie von nur

184

einer Person oder zwei miteinander verbundenen Personen fest-gelegt werden. Sie muss ethisch reflektiert unter Beachtung der tatsächlichen (auch unbewussten) Motivation des Einzelnen im Helferteam abgestimmt werden – auch (aber nicht primär!), um sich selbst vor dem Vorwurf der Tötung zu schützen. Klie und Student machen darauf aufmerksam, dass die Vorenthaltung eines Schmerzmittels als strafrechtlich relevante Körperverletzung aus-gelegt werden kann. So ist die terminale Sedierung unter Um-ständen eine Gratwanderung.

Palliativmedizin
„Palliativmedizin ist die aktive, ganzheitliche Behandlung von Patienten mit einer nicht heilbaren, progredienten (voranschrei-tenden) und weit fortgeschrittenen Erkrankung mit begrenzter Lebenserwartung. Sie strebt die Besserung körperlicher Krank-heitsbeschwerden ebenso wie psychischer, sozialer und spirituel-ler Probleme an. Das Hauptziel der palliativmedizinischen Be-treuung ist die Verbesserung der Lebensqualität für die Patien-ten und ihre Angehörigen (auch über die Sterbephase hinaus)", (Deutsche Gesellschaft für Palliativmedizin).

Aktive Sterbehilfe (auch: „aktive Euthanasie")
Sie ist das „absichtsvolle Herbeiführen des Todes einer anderen Person auf deren Wunsch hin, aufgrund des tatsächlich geäußer-ten oder mutmaßlichen Wunsches einer Person" (Klie / Student 2007, S. 178). Bei Letzterem – dem „mutmaßlichen" Wunsch – wird das Konstrukt bereits schwammig. Wie ermittelt ein beob-achtender Dritter, ob etwas „mutmaßlich" bestanden habe, ge-äußert wurde, ggf. gewünscht worden wäre?

Durch dieses Einfallstor ist die Grenze zu Mord (§ 211 StGB) und Totschlag (§ 212 StGB) fließend, wenn nicht gar bereits über-schritten. Das betrifft die Verwandten ebenso wie Ärzte und Pfle-gekräfte.

Als „aktive Euthanasie" wird aber auch die gezielte Tötung (Schwerkranker?) verstanden, wenn kein Verlangen und keine Ein-willigung des Opfers vorliegen. Dass hier die Grenze zu Mord/ Totschlag ggf. überschritten wurde, wird deutlich in Strafprozessen gegen die Ausführenden, in denen die Staatsanwaltschaft Anklage erhebt (vgl. Kap. „Der Selbstmordautomat ...", Regelung in Holland).

Totschlag und Mord sind im Strafgesetz eindeutig definiert. Die entsprechenden Paragrafen lauten:

Totschlag (§ 212 StGB)
„(1) Wer einen Menschen tötet, ohne Mörder zu sein, wird als Totschläger mit Freiheitsstrafe nicht unter fünf Jahren bestraft.
 (2) In besonders schweren Fällen ist auf lebenslange Freiheitsstrafe zu erkennen."

Minder schwerer Fall des Totschlags (§ 213 StGB)
„War der Totschläger ohne eigene Schuld durch eine ihm oder einem Angehörigen zugefügte Misshandlung oder schwere Beleidigung von dem getöteten Menschen zum Zorn gereizt und hierdurch auf der Stelle zur Tat hingerissen worden oder liegt sonst ein minder schwerer Fall vor, so ist die Strafe Freiheitsstrafe von einem Jahr bis zu zehn Jahren."

Mord (§ 211 StGB)
„(1) Der Mörder wird mit lebenslanger Freiheitsstrafe bestraft.
 (2) Mörder ist, wer
    aus Mordlust, zur Befriedigung des Geschlechtstriebs, aus Habgier oder sonst aus niedrigen Beweggründen,
    heimtückisch oder grausam oder mit gemeingefährlichen Mitteln oder um eine andere Straftat zu ermöglichen oder zu verdecken,
einen Menschen tötet."

Zusammengestellt nach: Klie/Student (2007), Peters (1997), Spaemann/Fuchs (1997), Strafgesetzbuch (StGB).

Zitierte und weiterführende Literatur

Améry, Jean: Hand an sich legen. Stuttgart 1976 (Klett)

Bartens, Werner: Das Ärztehasserbuch. Ein Insider packt aus. München 2007 (Knaur)

Bartens, Werner: Die Last der frühen Jahre. In: Süddeutsche Zeitung vom 19. 03. 2008

Blüm, Norbert: Gerechtigkeit. Freiburg 2006 (Herder)

Bradbury, Wilbur u. a.: der erwachsene Mensch. 1980 (3) (time life)

Branahl, Stefan: Die Giftspritze zu legen wäre für mich ein Tabubruch. In KIZ Hildesheim vom 06. 04. 2008

Brody, Jane: Keeping Clinical Depression Out of the Aging Formula. In: New York Times 03. 11. 1998

Bron, B.: Der suizidale alte Mensch. In: Deutsches Ärzteblatt 79/1989, S. 2592–2599

Bundesministerium für Familie, Senioren, Frauen und Jugend (Hrsg.): Gewalt gegen Ältere zu Hause (Fachtagung 11./12. 03. 1996 Bonn), Bonn 1998

Bundesministerium für Familie, Senioren, Frauen und Jugend: Vierter Bericht zur Lage der älteren Generation in der BRD. Berlin 2004

Bundesministerium für Familie, Senioren, Frauen und Jugend (Hrsg.): Demografischer Wandel als Chance: Wirtschaftliche Potenziale der Älteren. Dokumentation des Europäischen Kongresses Berlin 17./ 18. 04. 2007

Christe, Christel: Suizid im Alter. Bielefeld 1989 (Kleine)

Dahlkamp, Jürgen: Bruderliebe. In: DER SPIEGEL 24/2007, S. 54

Dausend, Peter: Rentner an die Macht. In: DIE ZEIT vom 16. 04. 2008

Deggerich, Markus und Alexander Neubacher: Facharzt fürs Töten. In: DER SPIEGEL 48/2007, S. 48 ff

Der Spiegel: Zerknautschte Massen – Selbstmord (Erwin Ringel). In: DER SPIEGEL 07/1953, S. 29

Dießenbacher, Hartmut: Gibt es einen gesundheitspolitischen Gerontozid? In: Neue Praxis 3/1987, S. 257–265

Dörner, Klaus und Ursula Plog: Irren ist menschlich. – Lehrbuch der Psychiatrie/Psychotherapie. Rehburg-Loccum 1984 (Psychiatrie)

Erikson, Erik H.: Identität und Lebenszyklus. Frankfurt (Main) 1973 (Suhrkamp)

Flaßpöhler, Svenja: 5.900 Euro für den Freitod. In: WELT online 17.11. 2007

Fuchs, Thomas: Euthanasie und Suizidbeihilfe. Das Beispiel der Niederlande und die Ethik des Sterbens. In: Spaemann/Fuchs: Töten oder sterben lassen. Freiburg 1997 (Herder) S. 31ff

Fussek, Claus und Gottlob Schober: Im Netz der Pflegemafia. München 2008 (2) (Bertelsmann)

Geuter, Ulfried: Das bin ich! Oder? In: Psychologie heute 10/2003, S. 26ff

Goergens, Sven F.: Rauchzeichen. In Focus Nr. 51/2007, S. 114ff

Goffman, Erving: Stigma. Frankfurt (Main) 1973 (7) (Suhrkamp)

Goos, Hauke u.a.: Die Stadt der traurigen Kinder. In: DER SPIEGEL 10/2008 S. 142–144

Görgen, Wilfried und Udo Engler: Kammerstudie: Ambulante psychotherapeutische Versorgung von psychosekranken Menschen sowie älteren Menschen in Berlin. Heidelberg 2005 (Psychotherapeuten-Verlag)

Gruss, Peter (Hrsg): Die Zukunft des Alterns – Die Antwort der Wissenschaft. München 2007 (C. H. Beck)

Hau, Willi (Hrsg): Endstationen. Selbsttod und andere Geschichten. Frankfurt (Main) 1982 (az-Verlag)

Hautzinger, M.: Depression im Alter. Weinheim 2000 (Beltz)

Henseler, Heinz: Narzisstische Krisen. Zur Psychodynamik des Selbstmords. Reinbek 1974 (Rowohlt)

Hesse, Hermann: Stufen. Ausgewählte Gedichte. Frankfurt 1970 (Suhrkamp)

Hirsch, Rolf D.: Psychotherapie im Alter – geht das noch? In: Psychologie heute 2/1990, S. 62–67

Hirsch, Rolf D. u.a.: Suizidalität im Alter. Bonn, Hamburg, Kassel 2002 (Deutsche Gesellschaft für Gerontopsychiatrie und -psychotherapie)

Hirsch, Rolf D. und B. Lerch: Euthanasie: „Holland ist überall"?! In: Hirsch, Rolf D. u.a. 2002, S. 93ff

Holsboer, Florian: Altersbedingte Erkrankungen. In: Gruss, Peter (Hrsg): Die Zukunft des Alterns. München 2007 (C. H. Beck)

Hospiz Mutter Anselma – Friedensthal: In Würde Abschied nehmen vom Leben. Thuine 2004 (2)

Jacobs, Jerry: Selbstmord bei Jugendlichen. München 1974 (Kösel)

Kehl, Robert: Sterbehilfe. Ethische und juristische Grundlagen. Bern 1989 (Zytglogge)

Klie, Thomas und Johann Christoph Student: Sterben in Würde. Auswege aus dem Dilemma Sterbehilfe. Freiburg 2007 (Herder)

Koch, Erwin: Der Teufel im Kopf. In: SPIEGEL-special 7/1998, S. 30–35

koll.: Tod per Knopfdruck: Jurist präsentiert Tötungsmaschine. In: Medical Tribune Nr. 15/2008, S. 18

Kursbuch: Die große Entsolidarisierung. Berlin Sept. 2004 (Rowohlt)

Lakotta, Beate und Walter Schels: Noch mal leben vor dem Tod. Wenn Menschen sterben. München 2004 (DVA)

Landeshauptstadt Hannover (Hrsg): Gewalt gegen ältere Menschen im persönlichen Lebensraum. Dokumentation Hannover 03.07.1998

Leidinger, Friedrich: Bilanzsuizid – gesellschaftlich erwünscht? In: Hirsch u.a., S. 81–92

Levitt, Eugene E.: Die Psychologie der Angst. Stuttgart 1973 (2) (Kohlhammer)

Liebhart, Ansgar: Alarmsignal Altersselbstmord. In: Jedermensch Nr. 642/2007

Litten, Margot (Hrsg.): Vom Abschied. Frankfurt (Main) 1987 (insel tb)

Luuka, Johannes: Das tragische Missverständnis beim Suizid. In: Unsere Jugend 3/1989

Maercker, Andreas: Alterspsychotherapie – Aktuelle Konzepte und Therapieaspekte. In: Psychotherapeut 2/2003, S. 132–149

Medina, John: Am Tor zur Hölle. Die Biologie der sieben Todsünden. Heidelberg 2002 (Spektrum – Akad. Verlag)

Medizinischer Dienst der Spitzenverbände der Krankenkassen e.V.: Qualität in der ambulanten und stationären Pflege. 2. Bericht des MDS nach § 118 Abs. 4 SGB XI./Essen August 2007

Mentzos, Stavros: Angst und Suizid. In: Suizidprophylaxe 1/1985, S. 5–20

Nehmzow, Ralf: Der Ex-Senator und der Sterbehilfe-Automat. In: Hamburger Abendblatt vom 05.09.2007

Niklewski, Günter u. a.: Demenz. Hilfe für Angehörige und Betroffene. Berlin 2006 (Stiftung Warentest)

Nitzberg, Alexander (Hrsg): Selbstmörder Zirkus. Russische Gedichte der Moderne. Leipzig 2003 (Reclam)

ohne Verfasser: Hilfe für die kranke Seele. In: Senioren-Ratgeber 2/2006, S. 17–25

ohne Verfasser: Bürger drängen auf „Pflege-TÜV". In: Schaumburger Nachrichten vom 02. 05. 2008

Peters, Uwe Henrik: Wörterbuch der Psychiatrie und medizinischen Psychologie. Augsburg 1997 (Weltbild)

Plitt, Svenja: Suizidalität im Alter. VDM Verlag Dr. Müller 2006

Reidl, Andreas: Seniorenmarketing. Mit älteren Zielgruppen neue Märkte erschließen. Landsberg 2007 (2) (by mi-Fachverlag)

Remus, Daniela: Wenn alte Menschen nicht mehr weiterleben wollen. NDR-Info „Lokaltermin" vom 18. 11. 2007 (Sendeskript)

Richter, Horst-Eberhard: Die Chance des Gewissens. München 1988 (dtv)

Richter, Horst-Eberhard: Umgang mit Angst. Hamburg 1992 (Hoffmann und Campe)

Ringel, Erwin: Der Selbstmord. Abschluss einer krankhaften psychischen Entwicklung. Wien 1953 (Wilhelm Maudrich)

Ringel, Erwin: Neue Gesichtspunkte zum präsuizidalen Syndrom. In: Ringel, E. (Hrsg): Selbstmordverhütung. Eschborn 1999. (Klotz)

Ringel, Erwin und Gernot Sonneck: Präsuizidales Syndrom und Gesellschaftsstruktur. In: Pohlmeier, H.: Selbstmordverhütung – Anmaßung oder Verpflichtung? Bonn 1978 (Keil)

Schaible, Stefan u. a.: Wirtschaftsmotor Alter – Endbericht. Berlin 2007 (Hrsg. Bundesministerium für Familie, Senioren, Frauen und Jugend) (Roland Berger Strategy Consultants)

Schmidbauer, Wolfgang (Hrsg.): Pflegenotstand – das Ende der Menschlichkeit. Reinbek 1992 (Rowohlt)

Schnierle-Lutz, Herbert: Jeder Morgen will Abend werden. Betrachtungen über die Vergänglichkeit. Frankfurt (Main) 2000 (Insel)

Schulz, Ulrike: Gesetzlosigkeit und Autoaggressivität. Durkheims „anomischer Selbstmord" in der DDR vor und nach 1989. Unveröffentlichte Diplomarbeit 3/1995 (Universität Hannover)

Spaemann, Robert und Thomas Fuchs: Töten oder sterben lassen? Worum es in der Euthanasiedebatte geht. Freiburg 1997 (Herder)

SPIEGEL-special: Schmerz beiseite. Hamburg, Heft 7/1998

Stiftung Warentest: Demenz. Hilfe für Angehörige und Betroffene. Berlin 2006

Swientek, Christine: Erfordernisse einer Nachbetreuung von Suicidpatienten. In: SP 3/1976, S. 180–182

Swientek, Christine: Lebensläufe Verhaltensgestörter mit suicidalem Ausgang. In: Praxis Kinderpsychologie 2/1977, S. 40–48

Swientek, Christine: Gespräch und Umgang mit Selbstmordpatienten im Krankenhaus. In: Deutsche Krankenpflege Zeitschrift 1/1978, S. 17–21

Swientek, Christine: Suicidforschung auf der Suche nach einem neuen Selbstverständnis. In: Sozialpäd. Literatur-Rundschau 3/1980, S. 103–114

Swientek, Christine: Trennung, Einsamkeit, Partnerverlust: Den Selbstmordversuch überwinden, mit der Ich-Katastrophe leben. In: Carlhoff, H.-W. (Hrsg): Festhalten und loslassen. Stuttgart 1989 (ajs)

Swientek, Christine: Wenn Frauen nicht mehr leben wollen. Reinbek 1990 (Rowohlt)

Swientek, Christine: Mit 40 depressiv, mit 70 um die Welt. Freiburg 1991 (Herder)

Swientek, Christine: Pubertät – die größte Krise im Leben eines Menschen. In: Arlt, Marianne: Pubertät ist, wenn die Eltern schwierig werden. Freiburg 1992 (Herder)

Swientek, Christine: Von der Unmöglichkeit, katamnestische Studien zu erstellen. In: Feuerhelm: Festschrift für Alexander Böhm zum 70. Geburtstag. Berlin 1999 (Walter de Gruyter)

Swientek, Christine: Zu Besuch bei alten Damen. Freiburg 1999 (Herder)

Swientek, Christine: Ins wilde weite Land des Alterns. Freiburg 2006 (Herder)

Szasz, Thomas: Grausames Mitleid. Über die Aussonderung unerwünschter Menschen. Frankfurt (Main) 1997 (Fischer)

Teising, Martin: Herausforderung für die Sozialarbeit: Suizidalität im Alter. In: Soziale Arbeit 2/1990

Thorbrietz, Petra: „Und unseren, gut, nennen wir ihn Nachbarn auch." In: Kursbuch 157 (2004) S. 146- 152

Thorbrietz, Petra: Selbstmord aus dem Automaten. In: FOCUS online vom 28. 11. 2007

Weis, Kurt: Freitod in Unfreiheit. In: Zeitschrift Rechtspolitik 4/1975, S. 83–92

Wijmark, Carl-Henning: Der moderne Tod. 1978

Willemsen, Roger: Der Selbstmord in Berichten, Briefen, Manifesten und literarischen Texten. Köln 1986 (Kiepenheuer und Witsch)